U0875695

好命女人会装傻

智慧女人告诉你的 84 条幸福心经

加藤柔桢　著

廣東省出版集團
广东人民出版社
·广州·

图书在版编目（CIP）数据

好命女人会装傻/加藤柔桢著；—广州：广东人民出版社，2014.1
ISBN 978-7-218-09122-8

Ⅰ.①好… Ⅱ.①加… Ⅲ.①女性－人生哲学－通俗读物 Ⅳ.①B821-49

中国版本图书馆CIP数据核字(2013)第280722号

本书经上海青山文化传播有限公司正式授权，独家出版发行中文简体字版。非经书面同意，不得以任何形式任意重制、转载。

Haoming nvren hui zhuangsha
好命女人会装傻

加藤柔桢 著

版权所有 翻印必究

出 版 人：曾 莹

策 划：中资海派
执行策划：黄 河 桂 林
责任编辑：肖风华 梁 茵
特约编辑：董莹雪
版式设计：王 芳
封面设计：张 英
插画设计：林夏洁

出版发行：广东人民出版社
地 址：广州市大沙头四马路10号（邮政编码：510102）
电 话：(020) 83798714（总编室）
传 真：(020) 83780199
网 址：http：//www. gdpph. com
印 刷：深圳市福圣印刷有限公司
书 号：ISBN 978-7-218-09122-8
开 本：889mm × 1250mm 1/32
印 张：7 字 数：150千字
版 次：2014年1月第1版 2014年1月第1次印刷
定 价：28.00元

如发现印装质量问题，影响阅读，请与出版社（020-83795749）联系调换。
售书热线：(020) 83790604 83791487 邮 购：(020) 83781421

卷首测试

Be a Silly Girl, So Wonderful

你是“好命女人”吗？

世上的女人这么多，谁不想与心中的白马王子永远过着幸福快乐的生活？谁不想左手美貌右手智慧，拥有令人艳羡的家庭、事业和友情？每个女人都想成为好命女人，但并非每个女人都能如愿以偿。那么，究竟什么样的女人才算好命？怎样才能成为好命女人呢？

命运就像一条单行道，让我们以开车为主题，测一测自己到底有多“好命”吧：

1. 假设你有一位家财万贯的男朋友，在你的生日时决定送你一辆车作为礼物，你会：

A. 想也不想地拒绝。表示自己不是爱他的钱，或不想欠他人情。

B. 高高兴兴地接受他的好意，并问他是什么车。

C. 半推半就地接受，并想着日后找机会做等值的回报。

2. 假设你自己有一部车，在不考虑车价等因素的情况下，你希望它是：

A. 敞篷跑车

B. 大型休旅车

C. 豪华轿车

D. 平民轿车

3. 你一个人开车上路，忽然车抛锚了。你所想到的第一个要联络的人是：

A. 男朋友

B. 家人

C. 某个可能知道如何帮你解决问题的友人

D. 向保险公司申请拖车

4. 你跟在几辆车后面闯红灯，别人都很顺利，只有你被交警拦了下来，这时你会：

A. 跟交警辩论，为什么你不抓别人只抓我？

B. 向警察道歉，乖乖受罚

C. 企图用撒娇来免罚

D. 沉默以对，觉得自己很倒霉

5. 刚好有一个小长假，你和男友两人开着新车出去玩。你希望怎么玩：

A. 到人迹罕至的山林间探险

B. 到著名风景区一日游

C. 到外地的五星级饭店度假

D. 邀请家人或好友同游，去哪儿都好

选好了吗？以下是对于每个选项的解释，请对号入座。

1. 家财万贯的男朋友，送你一辆车当生日礼物，你的选择代表的意义是：

A. 你是一位自尊心很强的女孩，把尊严看得高于一切。但是，你强硬的态度和拒绝可能让男人自尊心受挫，觉得你并不需要他。如此一来，你可能很难和男友相处。

B. 你的天真活泼很讨男性欢喜，在两性关系中从来不吃亏。为了爱情舍弃面包这种事，你是绝对干不来的。但是，你可能被男性轻视，或因此错过潜力股男人。

C. 你知道怎样做既维护男友的面子，又维护自己的自尊。在你的观念里，精神和物质是可以等价的，只要你爱的男人对你好，你就会死心塌地地回报他。

2. 你选的车，代表你在人生中最重视的东西：

A. 敞篷跑车：你向往自由，自认与众不同，应该拥有不平凡的人生。

B. 大型休旅车：你喜欢实用的东西，对于美食与外表的重视胜过精神上的满足。

C. 豪华轿车：你最爱的东西是面子，永远跟随主流社会的价值观。

D. 平民轿车：觅得良人是你人生中最重要的目标。你相信，如果没有圆满的家庭，其他的成功对你都没有意义。

3. 车抛锚时你第一个打电话的对象，表示你的独立性：

A. 男友：独立性 50 分。你觉得所有的问题都应该由男友解决，有什么事你都会先找他商量。不过，即使你的男友很有责任感，你的依赖性也会让他伤脑筋。

B. 家人：独立性 30 分。你在幸福家庭中长大，与家人关系密切，你心中一直有个没长大的小孩。你无法跟任何家人反对的对象交往太久。但是，因为你没有主见，在婚姻中常会被家人的意见弄得失去自己，也会让另一半觉得困扰。

C. 某个可能知道如何帮你解决问题的友人：独立性 70 分。你性格开朗，拥有良好的人际关系，也很容易在事业上获得成功。

D. 向保险公司申请拖车：独立性 90 分。你是个明快果敢、很有处理困境能力的女人。可以试着承担更重要的工作，大材小用就太可惜了。

4. 从你的做法可以看出你会不会为自己争取权利：

A. 这是很不明智的做法。虽然外界环境对你不公平，但你的莽撞冲动会使自己进一步陷于不利之中。

B. 你是个理智的人，很懂得如何装傻，通过察言观色化险为夷。而且，这样做还有机会将损失降到最低。吃亏后你虽然不太会反击，但永不忘记前车之鉴。

C. 你聪明地利用女性的特质来享受特权。外柔内刚，遇到不公平的环境，也会让自己的损失降到最低。

D. 当环境不公时，你逆来顺受的能力超强，常以自责取代行动力，但可要小心火山爆发哦！

5. 你希望的玩法，代表你对婚姻的期望：

A. 你对婚姻有憧憬，但只想享受二人世界，不想跟长辈同住，有没有小孩也无所谓。

B. 你渴望婚姻，但想得很简单，只要能够找到一个能接受的男人就好，对婚姻质量的要求不高。

C. 你渴望过舒服的生活，对生活的质量要求很高，如果结了婚后没有未婚时舒服，你会很失望。

D. 你最怕孤单，喜欢大家庭的热闹，比较能适应传统家庭的结构。

权威推荐

中国女性情感心灵导师　苏　芩

聪明也需要穿上一层“傻傻”的外衣。这份憨憨的可爱，是世界最爱的亲和力。

《爱上是幸运，会爱是幸福》作者、专栏作家　艾小羊

加藤柔桢是个温柔的小妇人，所以她的书里充满了温柔女子特有的机智与狡黠。她所提供的是既不伤人又能自保的智慧，是柔顺却又坚强的智慧，她不探讨爱情本身，而是探讨我们在爱情中应该怎么办。不犀利不激烈，却像一杯实用而又清爽的凉白开，一杯下肚，可以为在爱情中饱受煎熬的女孩瞬时灭火。

女人坊杂志社主编　伊　洋

装傻是一种生活智慧，但前提只有一个：女人只愿意在自己爱的人面前装傻。爱得太深的时候，女人容易变得真傻，会失去自我。聪明的女人会适度装傻，不会轻易迷失自己。好好阅读这本书，学会做个聪明的“傻女人”。

北大燕园博思心理咨询中心资深心理咨询师、情感专家　卢　悦

幸福的女人都是相似的，不幸的女人各有各的不幸。然而，怎样才能成为幸福女人呢？《好命女人会装傻》给出了一个重要的指示：你必须具备一颗聪明的头脑，和一颗装傻的心。作者善于听故事，也善于讲故事，她把所知所感都融到这本小书之中，相信很多观点定会让您有共鸣之感。

情感两性专栏作家　陈保才

现在流行这样一句话：做通俗女人，不做庸俗女人。在我看来，“通俗女人”的第一大特征就是懂得“装傻”。装傻不是耍心机，而是一种充满大智慧的生活态度和生活方式，让你得意时不忘形，失意时更从容。相信加藤柔桢这位通俗女人传授的“傻”经，定会让你若有所悟。

著名情感教练　赵永久

女人要装傻，这是智慧，更是一种能力。会装傻的女人，是情绪管理能力好的女人，不计较，计较的人觉得她们有点傻；会装傻的女人，是懂得允许的女人，看透不说透，男人不求助，女人不帮助，好为人师的人觉得她们有点傻；会装傻的女人，是有共情能力的女人，她们愿意吃亏，是因为善解人意，不愿意照顾别人感受的人觉得她们有点傻。但其实她们不傻，只是情商高，有爱的能力。如果你不会装傻，看看加藤柔桢的这本《好命女人会装傻》，让自己变“傻”一些，也许幸福会来得更多一些。

编辑推荐

听智慧女人讲“傻”经

加藤柔桢原名方柔桢，是土生土长的中国台湾人，自小爱好文学、追求时尚，喜欢写故事，也喜欢写随笔。高中毕业后，她如愿以偿考入国文系；毕业后，又进入时尚杂志社当编辑。工作期间，她继续写自己热爱的情感故事与心情故事，因为这些故事，她认识了很多读者，并和其中的很多人成了朋友。

很多人羡慕她的经历，从小到大顺顺利利，学习、工作、爱好、交友都没有经历过大的挫折，就连找老公也顺风顺水，后来她索性跟随丈夫到日本，当上了全职太太，连上班的烦恼也一并省去了。因为有一枝妙笔，她在做家事之余仍笔耕不辍，既可以抒发心情又能够赚取稿酬，日子过得幸福快活！

她把这一切归结为运气好，但我认为：所有把幸福的原因自谦为幸运的女人，其实都是极其聪明的女人。得了便宜不卖乖，这不是装傻高手是什么？

身为女人，她关注女性的情感、生活、心灵。自大学时起，便开始写小说、写专栏，内容涉及各种女性话题。她与很多女人交流，倾听她们的心声，讨论并试图解决她们的问题。

她分析问题总是一语即中，但语言风格却是温和俏皮的，绝不会伤到人的自尊心，或者让人感觉难堪。她最推崇那句“人之患，在于好为人师”的古训，认定自己写文章也好、解答困惑也好，都只是为了和人交流，而不是想透过训人、贬低人来夸耀自己的见识，满足庸俗的虚荣心。她认为那种做法很低级，我则赞赏她大智若愚。

这世上有千千万万的女人，漂亮的、高贵的、温柔的……但最让人印象深刻的，莫过于聪明的女人。而聪明的女人也很多，有的才华横溢，有的言词机敏，有的乖巧伶俐，有的兰心蕙质……但最聪明的莫过于大智若愚，也就是加藤柔桢最擅长的“装傻”。人生在世，当聪明人、做聪明事，是大家共同的追求，好好的为什么要“装傻”呢？就好像美女故意扮丑一样，本来有让人欣赏、赞叹的本钱，为什么要故意让别人看低了自己呢？

其实，装傻的女人都有一颗玲珑通透的心，看得通人情世故，所以才会用“装傻”这种最高级的演技，去应对生活中的人和事。身为女人，如果你不会在适当的时间地点对着适当的人和事装傻，那就说明你还不够聪明。

不够聪明没关系，让加藤柔桢来帮你学聪明。

这本书是加藤柔桢在多家报刊发表的专栏文章的合辑。在书里，她透过同事、朋友和自己身上发生的事，细腻又不失活泼地描述了女人在爱情、婚姻、工作、人际交往上遇到的各种问题，帮助女人理解并处理好身边的各种事情。希望这本“装傻”心经碎碎念，能为读者答疑解惑，寻找到快乐、轻松的活法。

作者自序

女人的迷人之处在于她是个谜

女人的心事，只有女人最明白。

我们掏心掏肺死去活来地爱一个男人，爱到把自己变成一个空空的躯壳，让他带走了我们的思想、智慧、理智、尊严，然后再耗费半生的时间去恨他。

有时候我们也不知道这是为什么，他不帅，也没钱，不见得我有多爱他，奇怪的是我却离不开他。

我们结婚了，然后发现这个男人似乎不是之前跟我谈恋爱的那一个，这种生活跟我想的也不一样。

工作以后才知道，我们做每件事都不容易，做好了没有奖励，做错了钱包就要遭殃。

讨好一个人好难，奇怪的是，我费尽心思，得罪的人却永远比交好的人多。

这糟糕又让人留恋的生活！

有人说，罪魁祸首是这个世界。社会是女人的后母，她看似宠爱我们，却从来不公平地待我们。要我说，待女人不好的，始终是女人自己。

女人这一辈子，什么都看不通是真傻；看通了却什么都不说，即便说了也不说透，或者干脆故作看不通，是装傻。两者都沾了一个“傻”字，然而所得到的却大不相同。

真傻的女人，没有一双慧眼，只好处处吃亏。有些聪明的女人，能看明白事物的本质，说话做事却不上道，锋芒毕露遭人嫌……你看看，过不好生活、待薄了自己的，是不是女人自己？

女人的迷人之处在于她是个谜。她看起来似乎并不那么聪明，甚至有点傻，可是她既不束缚男人，又让男人归顺她；既卖力工作，又能得到应有的报酬和奖励；既可以不逢迎人，又可以收获好人缘。

我希望所有看完这本书的女人变成这个谜。希望你们拥有百步穿杨的身手，滴水不漏的处事方法，达到返璞归真的境界。

目 录

第2章　以站立的姿势，“傻傻”依偎婚姻这棵树

很多时候，一个拥抱，一杯咖啡，妻子与丈夫的感情就会在这份温暖里面不断升温。做一个好妻子、好媳妇其实不难，聪明的女人告诉你如何“傻傻”地依偎婚姻这棵大树。

第3章 聪明女人，把工作看得比性命都重要

真正聪明的职场女人，知道什么事情该认真对待，什么场合该锋芒毕露，什么情况该“没心没肺”。其实，适当地装装傻，也是一种低调的聪明。

第 4 章 社交女王的装傻心经

社交场合像是一个表演舞台，谁演得最好谁就是社交女王。聪明的女人不仅知识渊博、富有内涵，更懂得说一半藏一半，用愉悦的话题满足别人的虚荣心。

第1章

在梦幻的爱情中，做一个聪明的小女人

她事事不用男友操心，为爱付出一切，为何恋情却总是以失败告终？

男人离不开爱笑的女人，女人离不开勤劳的男人。但是要如何选择和对待，才能换来长久的甜蜜幸福？

爱情里面，小任性小生气是情调，大任性大脾气就成了胡搅蛮缠。选恋人时精明一点，和恋人相处时傻一点，做到这两点，美好的爱情就离你不远了。

左手爱情，右手面包，一个都不能少

爱情和面包，有什么好选的？没有面包的爱情能走多远，没有爱情的面包能有多好吃？爱情和面包从来都不是一道选择题！

“怎么办，怎么办？”阿莎最近总是围着我团团转，一开口就是“怎么办”。原因是两个男人。**A**男是个富二代，有钱有事业，会讲甜言蜜语，懂浪漫有情趣，每次来接阿莎时开的那辆玛莎拉蒂小跑车，总能令阿莎心跳加速不能自已。**B**男正在事业起步期，没赚太多钱，但为人务实勤快，甜蜜话不太爱说，但时不时会做一些令阿莎感动到不行的事情。阿莎工作出了问题忙得不可开交时，他会偷偷帮忙；有时候阿莎跟朋友玩得太疯放他鸽子，他也不责怪，就自己找些事做，等晚些还会去接阿莎回家。

“你到底爱哪一个嘛？”听阿莎讲起来，两个男人都超好。

“不知道啊。跟**A**在一起好刺激，跟**B**在一起好窝心。”阿莎抓狂。

其实这就是一道面包和爱情的选择题，阿莎的心思我大致上明白，这两个男人各有各的好，她不知道该选哪一个。可是，为什么非要做这样一道选择题不可呢？

“为什么不是A就是B，你想结婚想到了这种程度？”某天我拍拍阿莎的头问道。

阿莎眨眨眼睛看着我，然后笑了，她好像明白了什么。

后来，面包A和爱情B都成了阿莎的好朋友。两年后，她嫁给了C。C是公司中层主管，仪表堂堂，能力也很强。他原本是阿莎的客户，合作一次之后开始追求阿莎，几经波折，他们终于走到一起，阿莎曾经的选择题面包A和爱情B也给予他们深深的祝福。

男人对女人来说，只能锦上添花，为你原本就美好的生活添加爱情的甜蜜。绝不要指望男人能够为你雪中送炭，无论你缺什么他都会给你送来。

女孩们请谨记，爱情和面包不是非要斗个你死我活。在这个世界上有那么多选择，你不是只有这一次机会，你一定能够找到一个人，平衡你的爱情与生活。你既不要一头栽进美味的面包，陷入情感的不完整和不甘心里，也不能跟着心意走入琐碎烦恼、让人喘不过气的窘迫生活里。当面包和爱情同时出现在你眼前，成为一道选择题时，你没有必要作决定，而是要假装没看见，继续寻找。

“C不是最美味的面包，也不是最甜蜜的爱情，他有什么好？”婚礼那天，我偷偷问阿莎。“可是他恰好是一块可口的面包，还带点感情的甜蜜。这么好的基础，我以后会烘焙出最幸福的生活。”阿莎笑得分外甜美。

吃苦也要计较成本

愿意跟一个男人走从无到有的路，愿意陪着他一起奋斗一起实现梦想，也称得上是一段完美的爱情。可是吃苦也是有成本的，你不能赔光了本钱还要继续傻。

菲儿跟阿光大学毕业以后，一直在坚持他们学生时代就开始的爱情，他们一起找工作，租了一间小屋住。菲儿说，她要跟阿光一起努力，支持他，陪着他，相信他们一定会有个美好的未来。五年的时间过去了，阿光也做出了一些成绩。跳槽、升职、加薪，都通通经历过了，他们有了一点点积蓄，可是这些钱离买房结婚似乎还有些距离。此时，菲儿已经筋疲力尽，不想再等下去了。她试探阿光的口风，问他打算什么时候结婚。

如果很不幸遇上了一个以上床为目的，对你始乱终弃的男人，请先微笑，然后鄙视他：你是我这辈子遇见的最龌龊最无能的男人。然后用最美的方式头也不回地离开。

阿光搂着菲儿，亲亲她的额头，温柔地劝菲儿不要着急，再等一等，他不能两手空空地娶她。菲儿乖巧地点点头，笑嘻嘻地岔开话题谈论别的，可是她心里已经开始不安了。

五年来，菲儿不是没有人追，只是她一直很珍惜跟阿光的感情。阿光也很专一，从来没有劈腿，和菲儿也没有过很大的争吵，而且也在很认真地为他们的将来打算，职场规划和人生计划都做得一丝不苟。只是他们都过分乐观了，阿光的职场规划进展得非常缓慢，也因此耽误到他们的人生计划。

搬出他们共同租住的小屋那一天，菲儿心情很低落。她哭着跟我说，她不是不能够吃苦，可是她不能忍受这没有结果无边无际的苦。那段日子菲儿借住在我家，整个人瘦了一圈。也是从那时起，她开始接受家里安排的相亲，从几个相亲对象里，挑了一位成熟稳重的男士开始认真交往。

女人对爱情不是没有一份独特的坚持。她们也工作也赚钱也努力也上进，很多女人并不指望靠婚姻换来锦衣玉食、富贵荣华。她们爱上一个男人的时候真心真意死心塌地，她们愿意陪着他奋斗，陪着他吃苦。在那个时候，她们所付出的青春、美丽、等待、情感、辛苦等一切，都是心甘情愿的。但是，如果男人用“没准备好”“没信心”“再等一等”等诸多借口无限透支她们的“心甘情愿”，就不要责怪女人有一天“绝情绝义”地离开。女人的“心甘情愿”“吃苦耐劳”不是无限额透支的信用卡，爱怎么刷就怎么刷。

阿光打了一通电话给我，要我帮他挽回菲儿。我打电话给菲儿问：“你现在幸福吗？”

“我现在很安心。”菲儿温柔平和地回答我，“你跟阿光说，过去的就过去了。我们没缘分。”我说好。我想，菲儿不委屈吗？她从头到尾都没有骂过阿光，阿光确实是个没担当的男人。

她一定是委屈的，可是菲儿最聪明的一点在于假装她不委屈。只有为自己的过去做个好的结束，才能走好未来的路。

不会开花的爱情，就让它自然化解吧

有些爱情注定不会开花，遇到这样的爱情，不要不知所措，以致伤人伤己。其实，只要有一颗聪明的头脑和装“傻”的心，这种爱情，是最容易化解的。

美玲大学一毕业就到一所高中教书。她跟学生们年龄接近，想法也差不多，再加上她长相甜美，个性温柔，没多久就成为全校最受欢迎的女教师。而且这种“受欢迎”更倾向于在男生之间。

很多男生喜欢在课后拖住美玲问问题，或者带着作业本、考试卷跑到办公室跟美玲独处。美玲似有若无地察觉到有一些男生在问问题的时候喜欢靠她很近。后来，班里盛传美玲喜欢用的香水牌子，美玲这才哑然失笑。

当然，也不是所有男生都这样。还有一些男生，好似讨厌极了美玲。上课的时候，喜欢取笑她，开她玩笑，让她丢脸；课外也喜欢找她麻烦，让她焦头烂额。可这些男孩子在她这门课上的成绩又异常优异。真是头疼！美玲心想：老师也不是什么轻松的职业！

后来，她问稍微有些经验的女同事：“这样的学生该如何对待才好呢？”

女同事掩嘴巧笑：“这些男生情窦初开，他们是爱慕你呢！”

美玲惊呼：“怎么可能？”

女同事接着说道：“可能他们自己都没察觉到哦。男生这个年龄正是直觉动物时期，想怎样就怎样，没有用头脑仔细想过的。”

美玲仔细回想，点点头：“那么，还真有这种可能。”

怎么办呢？女同事给出了四个字：以柔克刚。然后便再也不多说了。

美玲回去细细领悟这四个字，然后把这一招用在所有男生的身上。首先，她上班尽量穿得职业一些，不再佩戴那些小女生们喜欢的珠花、耳坠、头饰、手链。对不停问问题的男生她会表示肯定和表扬，同时也会指出他们的成绩并不令人满意，处处让自己显得像是一个长辈。对于不停攻击她、冒犯她的男生，美玲则保持淡然平和、轻言细语，表现出一种对叛逆期小男生的包容、理解和体谅。

之前你放弃或放弃你的人，若在深夜打电话给你，最好不要接。如果他守在窗口，记得拉紧窗帘。不是你狠心，而是任何历经伤痛后的分手都会有裂痕，修补得再好也无法还原。不如就让它过去。

现在的学生，虽说对老师已经没有了太多的敬畏，但是敢于明目张胆向老师示爱的仍是不多见。就这样，一场注定不能开花、没有结果的暗恋，就被悄无声息地化解掉了。

面对其他同样注定不会开花结果的恋情，不妨也试着用此招化解。不管那个暗恋你的人是否知情，你都不要去点破、戳穿，更不要急于拒绝或嘲笑。因为爱情本身是美好的，是没有错的。你就当一切都是静默的，一切都没有发生过，你也从来都不曾知道这份感情的存在。不要不知所措，也不要装得太假，让时间给他们的“热情”降温，等他们意识到这样的情感没有结果时，一切就自然结束了。当岁月渐渐流逝，再追忆起往事可能有悔恨，可能有怀念，也可能会觉得那段感情极美好……总之，他们不会对你心有怨言，也不会对往事心存遗憾。

女人的身体最矜贵，不要轻易交给爱情

女人最矜贵的是身体，而男人最矜贵的是爱情。很多时候，他给你钱，给你地位，给你花前月下，但就是不给你爱情。

当女人很爱一个人的时候，会愿意付出一切去爱他。她能给他的最重要的礼物就是身体。很奇怪，就算是现在这样一个开放的年代，身体仍然是女人的最后一道防线。

小泪就是这样，她痴迷地爱上了一个男人。她甚至觉得，如果失去这个男人她就活不下去了。有一天，这个男人要离开她，她就把自己最矜贵的礼物送给了他。小泪以为可以用身体换回男人的爱情。真傻！这怎么可能呢？那个男人得到这个礼物没几天，还是走了。

男人喜欢坏女人，因为坏女人往往不易征服，这会激发雄性的好斗心理。男人的性心理中存在“越危险越刺激”的叛逆因素，危险的坏女人更易激起他原始的欲望，越是得不到，越有追求的刺激和快感。女人有点坏，男人才会觉得可爱。

小泪开始天天混酒吧、夜店，她还花了很多时间和精力学钢管舞，跳得和职业舞娘一样好。当小泪开始跳舞时，酒吧里所有人的眼光都会聚焦在她身上。

就这样，她认识了酒吧老板雅然。雅然这个人就像他的名字

一样，是个优雅迷人的男人。小泪的性感令他着迷，交往没多久他便要带小泪回家过夜。

小泪打了一通电话给我，我问她："于是你跟他……？"我话还没说完，小泪打断道："当然没有。傻一次是天真，傻两次就是笨了！"那天，小泪装作没听懂雅然的暗示，甚至没要雅然相送，就独自回了家。雅然意识到小泪不是一个可以戏弄的女人，他开始重新思考他们的关系。

那段时间，小泪不再频繁找雅然，也不再经常给雅然打电话，仿佛雅然一下子由亲密男友变成了一个普通人。也是在这时候，雅然开始主动去了解小泪了。首先令他吃惊的是，美丽性感的小泪竟是公司里的高级技术人才；更令他大感意外的是，小泪真正的日常装扮是日系小淑女的风格。而且，小泪的撒娇、发嗲只是给他一个人，在别人面前，小泪完全是一副居家小女人的模样。怎么会有那么可爱的女孩子？雅然觉得自己被上帝眷顾了，因为他遇到小泪。

之后，雅然想起那一晚，感觉自己冒犯了小泪。他立刻跟小泪赔罪，开始认真做小泪的男朋友，也开始让小泪进入他的生活，甚至还考虑跟她结婚。当他费尽心思和感情得到小泪的时候，他觉得这是世界上最珍贵的礼物。小泪失去过一次之后，才懂得女人身体的秘密。这是女人最矜贵的礼物，只有当男人费尽心思、历尽千辛万苦之后，才可以给他。如果只是因为相信爱情的感觉，就轻易地把身体奉献出去，谁会在乎和珍惜？身体从来不是爱情的手段，而是一份重要的礼物，你必须交予一人，交给珍视和承诺，但绝不要只交给爱情。

在风平浪静的日子里，留点想象给自己，
留点空间给对方，留点美好给距离。

多给男人一些机会来表达爱

你可能不相信，男人天生喜欢被女人利用。

可可总不满伊莲对男友的态度，她不止一次数落伊莲：“自己能做的事情就尽量自己做，不要觉得人家是你男友就要什么都替你做好。还有啊，你要学会疼你的男人，他累的时候要陪他、难过的时候要安慰他，不要大大咧咧地装看不见……”这个时候，伊莲总是满不在乎地说：“知道知道，我有分寸。”

后来可可发现，伊莲根本没有听进她的话，仍像以前一样我行我素。可伊莲的男友却一如既往地对她好，而且越来越好。一次聚会上，可可跑来跟我咬耳朵：“你看你看，伊莲又指使她男朋友做这做那。你说他脾气怎么那么好？伊莲说什么他就做什么，而且还那么高兴的样子。我以前对乔恩多好啊，可他还是要跟我分手。”乔恩是可可的前男友。

“是啊，你对乔恩好得没话说，好到他都没机会对你好，人家英雄无用武之地，只好跟你分手啰。”我戏谑道。

可可瞪大了眼睛问我：“什么意思？”我喝了一口饮料，开始传授我的独家秘诀。

> 青涩的女子在面对心仪的男子时，会努力装得“复杂”，用神秘感引他一探究竟；聪明的女人面对心爱的男人，却会变得“简单”，她知道如何用爱还原最真实的自我。

不要以为，你对男人越好男人就会越爱你，不要以为男人喜欢被动接受的好。其实，男人是付出的动物。跟被动接受比起来，他们更喜欢主动付出。他们喜欢被女人利用、被女人指使。当然，这种付出有两个前提。首先，他必须是真的很爱你，只有爱才会让他愿意被你指使和利用；其次，你要对他的付出表现出激动和感动，这样才能使他得到满足感。等他觉得自己充满男子汉气概，才会更加积极地为你做事，让你开心。

有时候觉得女人好傻，明明天性是喜欢被宠爱、被照顾的，可一旦爱上了一个男人，就要压抑自己的本性，变得千依百顺，什么事情都以他为中心，自己不开心都不敢说。男人不接受你的好，似乎就是不识好歹；可接受你的好，又会让他们无所适从。所以，女人要想贴着男人的心行事，就去做一个任性的、粗神经的、会依赖的小女友。只有这样了，男人和女人才能都快乐。

可可埋怨地瞪着我："你为什么不早说？"

我故作惊奇地望着她："你失恋这么多回都没明白吗？"可可怒起追打我。

打闹了一会儿，可可有感而发："下次恋爱，我也要像伊莲那样，让男人为我付出。你说，是不是一个男人习惯了为女人付出、对女人好，就会一生一世不离不弃了？"

我大赞可可聪明，正是这个道理。他没有努力过，没有成就感，又怎么会珍惜？

用"甜点"抵偿失意的爱情

女人失恋是个大事，仿佛一夜之间失去的不仅仅是一个男人，还是一种生活。

张蜜曾经觉得自己是世界上最幸福的女人，因为她拥有世界上最温柔体贴、最开朗潇洒的男朋友。她认定自己一定会嫁给他，然后做一个平凡的小女人，过着简单而幸福的生活。但是突然有一天，这个天底下最好的男人告诉她，他的前女友回心转意了，他要重新回到她身边。怎么可以这样？！张蜜快要发疯了。

“你告诉我，我哪里不好？”可怜的张蜜，竟然问出这种傻问题。

“你很好。”

“那你为什么选她不选我？”

“最先生”被逼无奈，只好细数张蜜的不好：“你说话的声音有点尖，声量稍微高一点就显得歇斯底里。你吃东西的时候喜欢舔嘴唇。还有，我不喜欢你大笑的样子……”

“住口，你不要说了！”

然后张蜜向我哭诉，他夸过她的声线甜美，他说她吃东西的样子很可爱，他还说她笑起来天真的样子特别让人爱怜……谁说女人反复无常，男人才是出尔反尔的混蛋。他爱她时她的那些好，在他不爱她时通通都变成了坏！

“张蜜你听我说……”

“他本是世界上最温柔的男人，为什么一眨眼又变成世界上最残忍的男人？”

“你听我说……”

“前女友曾抛弃过他呀，谁能比我更专一？”

“张蜜……”

“亲爱的，我不想死。可是我觉得我的生活完了，我不知道活着还有什么意思？”

“张蜜！”我终于忍不住，对她大声吼道，“还有很多东西都足以抵偿失意的爱情。你只是还没明白什么才是最重要的。别傻下去了！”

后来张蜜跑到法国高级糕点学校学做甜品。她发誓要成为最出色的甜点师傅。之后一年多的时间里，我经常收到张蜜寄来的明信片和电子邮件。信里，她把在法国的点点滴滴记录了下来：房东太太如何讨厌，在哪里能找到便宜的二手名牌，迷路的经历，甜点师傅如何让人迷醉，失败的蛋糕怎样处理，买错了食材怎么办……

张蜜好像重新活过来了。一年后她回来了，我们约在一个不起眼的小咖啡馆里。我问张蜜，对“最先生”是否仍念念不忘？张蜜笑了笑说，好像不是那么难过了，现在我最幸福的事情不是想念“最先生”，而是做甜点。

女人是被爱的动物，只要能找到被爱的感觉，离开、忘记一个男人也不是什么难办的事情。张蜜的痛苦不仅仅是失去了所爱，更是失去了“被爱”。

从今以后，那个原本“最爱”她的男人要去爱别人，她怎么能够忍受？可是甜点让张蜜重新找回了“被爱”的感觉，在做甜点的时候，她期待自己手中诞生的美好滋味。

当她的甜点完美呈现给大家，这一种“喜悦”和“肯定”让她觉得自己重新被爱——被兴趣所爱，被世界所爱。做自己喜欢做的事，是一种无与伦比的抵偿。所以每个聪明的女人都要知道，在爱男人之余，还要去爱别的事物。

聪明女人从不索取承诺，而是给男人承诺

傻女人要承诺，聪明女人给承诺。

现在网上流行一句话：男人的话若是靠得住，母猪都能爬上树！尽管如此，很多女人还是情不自禁地想向男人要承诺。

克莱尔就是一个承诺狂。她最喜欢反反复复问她的男朋友一些问题：

“你这一生只爱我一个对吗？”

“我们永远不会分开对不对？”

“不管发生什么事，你一定不离开我是不是？”

“你会一生一世照顾我对吗？”

她的“应诺先生”频频点头：

“是的，我只爱你一个。”

“是的，我们不会分开。”

“是的，我不离开。”

“是的，我会永远照顾你。”

克莱尔每次听到男友的回答，都会心满意足，脸上洋溢着甜蜜得意的笑容。她认为爱情透过这些承诺才会变得万分可靠。

有一次我忍不住劝她：“克莱尔，别再追着你男友要那些蠢承诺了！这没有意义。”

“可是我爱听啊。”克莱尔满不在乎，理所当然地回答我。

怎么还不明白呢？女人爱听，可是男人并不爱说。很多时候，他们觉得做比说有意义。他们会在下雨天给你送一把伞，却不一定会说“我怕你感冒”；他们会在午夜接加班的你回家，却不一定会说“我担心你”。每个男人的好，只有在他身边的那个女人才知道。奇怪的是，那么多女人只信他们说的，却不信他们做的。

“应诺先生”终于忍受不了克莱尔的追问，他找克莱尔谈话。他并不是要分手，他只是想要弄明白：克莱尔到底想要他怎样？

克莱尔慌了，她连忙跑来问我，“应诺先生”是不是不爱她了？

“亲爱的，放轻松。他只是累了。”

你天天围着男友问那些无聊的问题，向他们索取承诺，会让他怀疑他给不起你想要的东西，他没有能力承担你的幸福。难道你真的对你们的感情感到不安和犹豫，因此需要和你的男友再三确认吗？

你可以去爱一个男人，但不要把自己的全部都赔进去。没有男人值得你用生命去讨好。你若不爱自己，怎么能让别人爱你？

不要以为只有你缺乏安全感，有时候男人也缺乏安全感。你怕他离开你，而他也担心没有能力让你快乐。你总是频频追问，岂非是要证明他真的没有能力？

女人要学聪明点，别索取承诺，而是给男人承诺。

给男人承诺，不是要你对天发誓，也不是要你天天甜言蜜语，只需要在他为你做些小事之后，傻乎乎地表现出快乐和感动就好了。

赞美，也是一种无声的承诺，当他感受到自己所爱的人因为他而幸福快乐，他才会感到安心。也只有这时他才会永远也不想离开你。

做万人迷的“粉丝”，也能迷倒好男人

不做万人迷，一样有办法可以迷倒好男人。

员工餐厅里，美代独自静静用餐，忽然一个彬彬有礼的声音在她耳边响起：“我可以坐在这里吗？”美代抬头看见来人，又惊又喜，连连点头。男人笑容可掬地坐在她旁边，开始吃东西。

美代已经注意他很久了。他是企划部的新员工，才华横溢，活泼开朗。他待人彬彬有礼，工作也非常认真。一双单眼皮眼睛，笑起来眯成一条缝，超级可爱。不笑的时候，又像星星一样溢满温柔的光。美代一跟我说起那个男人，就两眼发光，语言夸张。没办法：情人眼里出西施。

“怎么样才能让他来约我呢？”有一段时间，美代总问我这一个问题。我不耐烦了：“你要是那么喜欢他，就去约他好了。”

美代苦恼地摇摇头，“不要，那样显得我好廉价。”

这次餐厅偶遇，美代觉得是天降好运。可是，他的眼睛为什么盯着总经理秘书阿梅打转？美代不高兴了。那个女人是公司里的万人迷，可以说公司里有一半男生都对她有意思。阿梅那样的女人，拥有美丽的脸蛋和妖娆的身材，这些对每个男人来讲，都是梦寐以求的。

美代对着心仪之人感叹："她长得那么漂亮，人又那么好，不知道什么样的男人有福气追到她。""你说谁？"企划部的新人帅哥问。

"当然是阿梅啦。去年圣诞节，阿梅收到好多玫瑰花，她的办公室几乎都装不下了。下班的时候，她还把花分送给我们这些朋友，我们都好开心。还有，她能力超强，我们遇到的麻烦她都能搞定。"

新人帅哥落寞地点头，美代继续说："我好喜欢她啊。"听到这句话，他开始仔细观察眼前的这个女孩子：个子小小，眼睛小小，嘴巴也小小，小巧玲珑的样子很可爱。他开始自我介绍，然后他们经常出去玩。美代不遗余力地夸赞阿梅，新人帅哥却觉得阿梅离他越来越远，而真实在他身边的美代却充满魅力。

跟万人迷做情敌，表现出强烈的敌意是最不明智的。万人迷之所以能够成为万人迷，自有其闪亮耀眼之处。你大大方方表现出对万人迷的喜欢，甚至做万人迷的粉丝，很有可能是接近你心仪男人的一个妙招。毕竟，万人迷对他而言那么遥远，而你才是具有无限可能性的那一个。

从他心中的万人迷开始，他会觉得你跟他好投契，说每句话都合他心意。一旦有了这个心理暗示，他就会更在意你，也愿意靠近你。到这时候，你再潜移默化，润物无声，让他感受到你的心意。终有一天，你会诱使他对你说出最想听的那三个字。

我后来大赞美代聪明，美代抿着嘴谦虚地笑道："不过是找对了突破口。"

想开点，有些男人就是天生无情

有些男人天生无情，对任何人都不会例外，包括对你。

甜甜说起男友，便止不住幸福地笑。她列举出一大堆的小细节来印证他的好。

有一次，她工作出错被上司骂，心里很难过很难过，她想找他来倾诉。她知道，那晚他父亲过生日，但是她忍不住。电话里，他听到她哭得那么伤心，便毫不犹豫地从家宴里跑出来，陪她散步，带她吃东西，还讲笑话逗她。

他们俩一起出去逛街，她无意中翻到他手机里的短信。他前女友发来很多温柔缠绵的短信，表示对他念念不忘，说仍然在等他回心转意。甜甜心里一股醋意涌上来：她对这个女人又恨又厌。接着翻看男友给那女人的回复，便立即眉开眼笑。男友说她很烦很讨厌，还说如果实在受不了就去死好了。

反正男友对那女人是无情狠心到极点。甜甜于是心满意足，觉得自己是他的最爱。

街上遇到陌生人来问路，男友每次都会特别不耐烦，拉着甜甜急忙走开。甜甜埋怨男友没爱心，男友说："我不要不相干的人占用我们相处的时间。"一句话又让甜甜感到无比快乐。

后来他们一起旅行，在异国陌生的街头，男友接到一通电话，不知道是谁打来的，不知道说了什么。匆匆交代一声，男友就收拾行李走掉了，留下她独自一人在异国清冷的街头。她回国以后特别生气，本来还想听他解释，可是他什么都不说，还一直嫌她烦。后来他不再宠她、疼她、万事以她为先了，使得她怀疑他爱上了别人，然而调查的结果却是一无所获。

“没有别的女人出现，可为什么他不再对我好了？”甜甜问我。

“因为他天生就无情啊。”我早看透了他。

有些男人，天生就无情。他可以随意地丢弃你，让你在陌生的地方徘徊、恐惧、无助。他凡事以自己为先，而你只是附属，只有在他没有事情的时候才会想起你。他可以随时不顾你的死活，不管你的感受，做他想做的、要做的事。

说好听一些，他就像个孩子一样任性，实际上是他根本就没有照顾你的责任感。也许某个时段他对你很好，好得不能再好，可是他对家人不好，对朋友冷淡，对陌生人也没有爱心，那他就不是真的好。他对你好，也只不过是因为那段时间里，对你好能令他快乐而已。

女人跟男人相处的时候傻一点会显得可爱，可是看待男人平时的表现则要分外精明。他若只对你一个人好，你便要小心，有一天，他会像对别人那样对你。

这个时候，你要对他说：“你太好了，我承担不起你的这种好。如果你能分一点给别人，才能说你是真的好。”如果那个男人做不到，果断离开他，以免将来你受苦。

“花痴”不是肤浅的事

爱看帅哥是女人的本能，怎么会是一件肤浅的事情？

有些女人天生就爱帅哥，长得不帅的男人根本就看不上眼。结果常常事与愿违，最终她们找的男友不帅、不高、也没有魅力，总之很平凡。追问一下她们这样选择的原因，理由也都差不多：对自己好。

小璇就是这样的女人。她自己不算高，身材也一般，虽说算不上美女，但打扮打扮也是俏丽可人。不过她天生爱帅哥，跟她一起逛街，看到高高帅帅的男人，小璇会两眼放光，一直盯着人家看半天。后来小璇谈恋爱了，我们以为她的男友一定帅到不像话，哪想见到时发现只不过是一个平凡的男生，长相一般，气质上也没有优势，谈吐也算不上高雅。

有朋友私下吐槽："你不是非帅哥不要吗？"

小璇故作无奈："哎，没办法啦，谁让只有他对我最好。"我低头浅笑，心里明白小璇这句叹息真的是发自内心。

从那以后，再也没见过小璇带男友出现在众姐妹面前，甚至不常听她提起他。姐妹们议论男友的时候，小璇也多半只是在一旁听着，不参与进来。偶尔大家起哄，要求带男友出席聚会，小璇也托辞男友太忙，没有空一起出来。

其实谁都看得出来，她嫌弃他。

"既然那么嫌弃，为什么不分手？"我问小璇。

"我觉得自己好讨厌，他只是长得不好看。其实他样样都很棒啊，对我好又专一，我不开心就逗我开心，我想做什么都愿意陪我。怎么办？其实我很喜欢他啦，如果他能帅一点就完美了。"小璇很苦恼，只是这些苦恼她从不对别人倾诉。

"我觉得这种嫌弃很正常啊。"我捏了捏小璇的脸。

是的，我一直认为，花痴是一件再正常不过的事，女人没必要有罪恶感。这个男人，你喜欢他的个性，你喜欢他做事的方式，你喜欢他对待你的好，你喜欢他的脾气……总之，你很喜欢他。

可是，你不喜欢他的长相，不喜欢他的身材，甚至可能不喜欢他的工作、他的职务。这又有什么呢？我们每天涂厚厚的保养品，拼命管住自己的嘴巴节食减肥，也不过是为了在镜子里面看到更加美丽的自己，这是我们给自己眼睛的福利。

而我为什么要降低标准看你不美好的样子？我们的心灵也有一条愉悦线，倘若男人的外表、男人的气质低于这条愉悦线，我们又为什么不能嫌弃？

遇到这样的情况，我觉得小璇很聪明。她把他收藏起来，不轻易露出。她不抱怨他不够好看，哪怕再好的姐妹也不说。她自顾自地继续和他谈恋爱。

她说，“先走走看，结果没出来之前，怎么就能确定不可以跟他过一辈子？哪里又能找到那么完美的人呢？”**嫌弃不是罪过，也不肤浅。倘使嫌弃，就把那男人收藏起来，不要到处给人看好了，也不要抱怨。我们都不完美。**

贞洁也是一种自主的选择

活到二十八岁还是处女，绝对不是一件丢人的事情！

洁洁其实恋爱经验挺丰富的。中学的时候开始跟邻居家的大哥哥拍拖，之后几乎没有空窗期，男友不断，这边分掉一个，那边立即就会有人替补。可是恋爱次数多得连自己都数不清的洁洁，至今还保持处女之身，很不可思议吧？

二十八岁的洁洁，跟现任男友拍拖半年，男友一直很想跟她做爱，洁洁犹豫了很久才下决心。那是一个七夕夜，洁洁跟男友看完午夜场电影，捧着他送的一大束红玫瑰，跟他来到了早已预订好的房间。洁洁不记得那家酒店的装修和摆设，但是她记得那张巨大的床，令她紧张到不能自己。很多细节也已经模糊了，但是她记得当他冲破她身体里的阻碍时，眼里那一抹奇异的光。

洁洁当时觉得很幸福：他一定感动坏了。然而之后，男友的情绪一直低落，有一次，他终于表情忐忑地问洁洁："难道都没有人想过要你吗？"那表情就好像他吃了一个大亏一样。

洁洁愣住了，同时一股愤怒和委屈之情涌上心头。他怎么可以这样？！他应该很感动很满足地抱着她，对她承诺以后会更疼她才是！他应该觉得这是一种天赐的幸运，比中彩票还要幸运。然而男友的反应却让洁洁认为好像问题出在自己身上，一个二十八岁的处女是有问题的！

洁洁问我："既然这样，分手好不好？"

"分手？就为这个？"我觉得洁洁在开玩笑。

"这很严重啊。他一点也不珍惜我！"

"你很幼稚耶！他只不过在拆礼物的时候没有表现出你期待的样子，哪里就不珍惜你了？"

傻瓜，有一天他会珍惜的。在现在这个年代得到一个处女是件罕有的事，所以你得允许你的男人表现出惊奇、难以置信，你要允许他们正常地表达情绪。毕竟人人都说现在的社会，女人通通都性开放，根本再也找不到一个处女了。

女人也不必因为自己是处女就觉得丢脸，每个人身体的秘密只有她自己知道。贞洁的身体令你愉悦，那么贞洁又有什么不好？

真正公平开放的社会，是你想豪放就豪放，想保守就保守，这只不过是一种选择而已。

在是否处女这个问题上，女人一定不要装傻，也不要太在意，大大方方说事实才是最聪明的。就算是大龄处女又怎样？当男人有一天回想起得到的是一个贞洁的你，他会开心的，不要因为他们一时的言语和态度就对自己没信心。

交朋友和找男友是两回事

别太贪心，你若是只想交朋友，就不要还想着能够顺利升级成为男女朋友。

很多时候，坏事的都是只交朋友的想法。千惠原本只是想跟安杰做朋友，因为他们两个很投契：都喜欢吃泰国菜，都爱好游泳，都崇拜施瓦辛格，还常去同一家书店，连他们最近买的鞋子都是出自同一品牌……这般投契，又没有心跳加速、小鹿乱撞的反应，自然就做成好朋友啦。

于是安杰常常约千惠去逛街、郊游、吃饭、聊天……千惠也是有约必至。这两个人的关系也越来越密切。忽然有一天，千惠觉得自己的感觉变了，她不太能够忍受安杰跟别的女人亲密交谈，当安杰对别的女孩微笑的时候她也感到酸酸的。最令她不能忍受的是，安杰约她的次数越来减少了。

千惠渴望看见安杰，渴望霸占他，也渴望被他占有，渴望他日日夜夜只对她一个人好。于是她开始频繁地和他约会，开始阻止他跟别的女人见面，开始强行介入他的生活。结果是安杰开始躲避千惠，他对她也有了越来越多的借口：

“好忙啦，没时间见面。”

“哎呀，我上次才去过，这次不要去啦。”

“那里不好玩，我们下次换个地方再约。”

“最近身体不太舒服。”

千惠很难过很难过：他以前明明对她很好，好得让她看见千千万万个可能，为什么一转眼，这些好都没有了？为什么他开始冷落她、疏远她？于是，千惠使出最后的杀手锏，她去向安杰告白了。结果，当然是被拒绝。

我对千惠说：“不怨人家啊，是你太贪心。”

最初，你不过是想交个朋友嘛。然后是你自己一步步深陷进去，你看到爱的可能性，你开始胡思乱想，可等你发现了爱情之后，他却逃掉了。

更傻的是，你把你的占有欲和控制欲表现得太明显了！喂，你们只是朋友，还不是男女朋友。男女朋友之间都讨厌的事情，朋友之间岂非大忌？

聪明的办法是装作没事，侦查你们之间有无可能，伺机而动。

实在忍不住，也可以傻乎乎地问一句，“我做你女朋友怎么样啊？”看看对方的反应。

对方没反应，你就应该迅速放下。

因为，最初你只要跟人家做朋友，就不要太看重这个结果，毕竟交朋友和找男朋友是两回事。

爱情死了，就悄悄放手吧

不是只有男人会变心，女人也会。

小紫跟男友可谓一见倾心，二见钟情，三见差不多就打算私订终身了。轰轰烈烈的爱情来了，他们日日如胶似漆，天天策划着以后美好甜蜜的生活。她事事把男友放在第一位，吃他爱吃的菜，听他爱听的 **CD**，穿他喜欢的衣服……就连和姐妹们逛街她也总想着给男友买东西，无论讨论什么话题，就算拐好几个弯，她也能扯到男友。为了能跟他共进晚餐，小紫会饿着肚子等他一整晚而且绝不抱怨。他说的每一句话她都放在心里，他做的每一件事她都觉得完美。她一直无怨无悔地为男友付出爱和柔情，他们的感情也甜蜜得一日胜似一日。

可几年过去，小紫发现自己变了。她很少跟姐妹们谈起他了。如果别人提起，她也会感到厌烦。她做事情喜欢随着自己的喜恶，甚至有时还会故意跟他作对。如果约会他打电话说有事不来了，她就会特别开心，快快乐乐地去安排自己的节目。每为他做一件事，她就会情不自禁感到委屈，反问自己凭什么对他那么好？

她开始觉得他说什么做什么都不合心意。她不能接受他的论调、观点、思想，他的生活习惯也让她不能够忍受。这种厌恶甚至反映到了生理上：当他吻她，她要用很强的自制力才能忍住不推开他，不摆出想吐的样子。

怎么会这样？明明仍然是这个人，明明一切都没有变。

她开始回忆他们曾经共同经历的美好。小紫心想：如果时间能够停留在过去该多好。可一想到现在，她就感到莫名的烦躁，

张爱玲说过，时间可以了解爱情，
可以证明爱情，也可以推翻爱情。

无所适从，真的想快点逃出这份感情，离开男友。

小紫问我："我是不是出了什么问题？"

我想了想，回答她："不是。亲爱的，你很好。可是你知道吗？爱情也是有生老病死的。你的爱情死了。"

"什么叫做爱情死了？"小紫疑惑。

"通俗地说，就是你变心了。"

"不可能！我没有爱上别人。"

"不是只有爱上别人才叫变心啊。你闭上眼睛想一想，如果现在你的男友爱上一个美丽大方、事业有成的女性，你是不是一点都不会难过嫉妒，是不是会特别开心地送走他？"

小紫沉默了。我说对了，于是我接着提议："那就这样去做吧，只是要小心一点，不要被他发现。"

爱情是有生老病死的。即便没有第三者出现，没有其他阻力妨碍，若爱情死了，一样是无力回天。小紫不能面对的其实不是她变心这回事，而是她没办法开口把它说出来。

假如想与男友拥有快乐时光，千万不要重提他的过去，因为这样会强迫他回忆。无论是对前女友的怀念还是对不幸往事的追忆，都不是你想要的，反而会让你自己掉进嫉妒的漩涡而不能自拔。珍惜现在的一切就好，让他拥有自己的秘密吧！

明明白白直来直去的女人叫做敢爱敢恨，敢爱敢恨在旁人看来或许是一种美好的品格，但对被伤害的人来说却是一种痛苦。他们怨恨你怎么如此狠心地将他们抛弃。**可是，你不是爱情贩卖机，你不能对着死掉的爱情，还苦撑着无限量供应对方。**

这个时候，我们通常会特别渴望让对方先变心。那么就去悄悄地做好了，傻傻地把更适合他的女人引入他的生活，引诱他去爱别人。最终，他还会感激你对他放手。

若不成功，也要停止做那些让自己厌恶的付出。等男人发觉自己的付出没回报，迟早会放手。

爱笑的女孩运气都不会差

没有男人会舍得离开一个快乐的女人。

简妮跟男友分手以后天天以泪洗面。她像祥林嫂一样到处找朋友哭诉："我已经做到最好了，他为什么还是要离开我？我为他洗衣做饭，整理房间；我每天下了班就早早赶回家陪他一起吃饭聊天；周末我都不愿意跟姐妹们逛街，怕冷落了他；我也舍不得花他的钱，跟他在一起总是挑便宜货买……我对他这么好，为何他还要走？"

"因为你的脸。"我提点简妮。

"我的脸怎么了？我不漂亮了？"简妮紧张地问。

"你一直很漂亮啊，可是你不会装开心。"简妮仍不懂，一脸茫然地看着我。

从简妮跟姐妹们相处的样子，我就可以猜到她男友跟她在一起时有多痛苦，因为她总是不开心。工作不顺利了，就一脸郁闷地找人倾诉，管不住自己刷爆了卡也要一脸苦相地埋怨，甚至有时候只不过被陌生人撞了一下，她也会心情烦躁地抱怨一整天。

现在人们的生活节奏都很快，人人都有一大堆麻烦事要应付，谁还有空整日看你摆脸色、倒苦水？姐妹们都受不了，更何况是与你日日相对的男朋友。

没错，女朋友该做的事你全做了，甚至做到了一百分，但是你永远都对男友摆着一张苦瓜脸，他怎么会开心，会感动，会对你回报更多的爱。两个人在一起最重要的就是开心，如果不能开心地面对彼此，怎能忍受那许许多多需要面对的琐碎和烦恼？当男人日日面对一张不开心的脸，他自然而然的也不会对你开心，跟你说甜言蜜语哄你高兴。于是，恶性循环开始了，你也会认为他不再关心你了，不再爱你了。最后，就只有分手一个选择了。

聪明的女孩子就要会装开心。白天在公司装完亲切，晚上回去面对男友，也要装出一副心情很好的样子。哪怕遇到大麻烦，半是娇嗔半是倾诉地抱怨完，也该雨过天晴了，男友总不能代替你做所有的事。**你把好心情带给他，他才会开心，然后再把他的好心情反馈给你，你或许就会真正快乐起来了。**

最怕在外人面前装完亲切，回到自己人面前反而一脸凶巴巴，好似终于找到了宣泄的管道，就像简妮。

简妮后来明白了自己的不足，改起来却非常困难，稍不小心就原形毕露，她便叹自己无心机。其实她不是无心机，她是太无心了。要知道有心者事竟成！

“天生懒惰的男人”千万别选

许多女人都说以后要找一个老实可靠的男人结婚，这样的择偶标准在我看来实在可笑。大家都说可靠，但究竟什么是可靠呢？

美妙是我喜欢的那类女生，虽然不算漂亮，但是气质超好。人群中一眼看去，绝对让人过目不忘。她还很聪明，但她的聪明不会让人感到尖锐、咄咄逼人，反而会如沐春风。可是这么值得欣赏的女孩子，挑男人的眼光却令我不敢恭维。

她的男朋友杰是这样一个人：一到周末或者休假，他就宅在家里，从不愿意跟朋友一起出去吃喝玩乐。下了班，他归心似箭地冲回家里，就开始趴在电脑前玩游戏。他不爱做家务，也不打扫房间，家里到处都乱糟糟的，还需要美妙常常过来收拾。可是，在美妙看来，男朋友这些问题都是小毛病，不值得大惊小怪。甚至连不跟朋友出去玩闹也成了男友的优点。美妙说，这样的男人令她放心，他不会出去鬼混，也不会胡乱招惹别的女人，非常可靠！

我曾经不止一次地对美妙说，“你男朋友那不叫可靠，那叫懒惰。这么懒的男人怎么可能给你幸福呢？你现在这样凑合着，以后有你吃苦的时候。”美妙听不进我说的话。

他们俩是在结婚前夕分手的。大家都知道结婚是个麻烦事：选中式婚礼还是西式婚礼，请哪些人来，印喜帖，准备礼服……有太多的琐事需要打理。杰在这样重要的事情上面也是放牛吃草，无论美妙问他什么问题，他总是回答：“亲爱的，你决定就好。”一开始，美妙觉得这是杰对她的尊重，于是心满意足地继续忙碌。后来事情越来越多，各种琐碎事几乎逼得美妙快要发疯，而杰仍然对她说：“你决定就好。”

有一天，美妙终于忍无可忍，对杰大吼：“这是我们两个人的婚礼！为什么好像只有我一个人在操心，而你就像个看客？！”杰缓缓地回答：“谁说我不重视？为了办个让你开心满意的婚礼，我不是把所有事的决定权都交给你了吗？”两人争执了很久，美妙一气之下摔门而去。

美妙问我：“杰是不是不爱我了？如果他不爱我，为什么要跟我结婚？”

我冷笑：“亲爱的，他爱谁都会是这副德行。这种男人天生有懒病，无药可医。”

女人千万不要指望一个天生懒惰的男人会对你有多好，他甚至有可能把所有的问题都丢给你。这种男人懒得做家务，懒得跟朋友应酬，当然也懒得工作，最好让他们舒舒服服地躺着过下半辈子才合他们的心意。自然，他们对自己要求也不高：事业不出色没关系，能过活就好；生活不精彩没关系，平平淡淡就可以了。

遇到心仪的女人，献一阵子殷勤追到手，他们就懒得应付了。人懒嘛，自然什么都懒的。他不会花心思花力气讨你欢心，也不会在误会产生之时积极跟你修补关系，更不会在两人世界里经常给你制造惊喜，让你快乐！

勤快的男人就不一样。他会努力做事业，用心讨好你，为你做各种事情。

也许他会很忙，没有太多时间陪伴你，但是只要一有空，他就会跟你在一起，陪你吃饭，陪你逛街，还会经常花些小心思给你浪漫和惊喜。可是，若是你跟一个懒人在一起，日日相对都是无聊的。

“你若想享福，就要选只牛。”我最后对美妙说。

美妙这次完全把我的话听进耳里，记在心上。

她跟杰的婚礼告吹了，她决心去寻找下一个好男人。这一次，她不要让自己表现得很聪明很能干，她要努力装傻，把问题都丢给那些男人，从中找到勤快的好男人。

你的妩媚只能留给你的男人

如果说一个女人“天生媚骨”，我认为这是一个极高的评价。

在形容一个女人的风韵之美时，“媚”是一个很特别的词。你可以把它想得很低俗，低俗到不堪入目，也可以把它想得很有风致，称得上风华绝代。

而无论如何，遇到有媚骨的女人，总比遇到有点呆、有点迟钝、毫无风情的女人要来得令人喜悦，这种女人也自然更受欢迎。我这里所说的媚骨可不是衣着暴露、香肩乳沟小蛮腰、不时抛几个媚眼的荡妇。

麦吉就是我眼中那种有媚骨的女人。她聪明美貌、言行正派、待人友善，也从不会利用自己的美貌在私底下做小动作。她对工作勤勉努力、认真负责，有哪位同事或者别的部门出了差错，她还有能力去救场。下班以后，她还会想办法做些小生意赚外快，卖些小饰品小玩偶之类的。朋友们出事了，她会义不容辞来帮忙；有人失恋伤心找她陪伴，也一定能够感到宽慰……罗列了她这么多优点，我可以更加确定地告诉大家，她就是一个那么好的女子。

有人这样说：一个品德和私生活都美好到不像人类的女人，一定是一个保守的、无趣的、让人提不起兴致的人，而麦吉却不是这样。

她男友齐迅曾经在私下里跟好朋友说，麦吉天生媚骨，是每个男人梦想中的那种女人。他那些好友纷纷惊愕表示不相信，还笑话齐迅谈恋爱谈昏了头。

有谁知道，跟齐迅在一起的时候，麦吉卸去了独立坚强、温柔有礼的一面，活脱脱变身成一只小狐狸。她会撒娇、会发嗲，还会放电，常常令齐迅感到如梦似幻，欲罢不能。

坦白说，齐迅起先追求麦吉，也不过看中了她的独立、乖巧、贤淑，他把她当成一个很好的结婚对象。

拥有爱情，但不要失去自我。为爱失去自我的女人最容易被男人抛弃。你付出越多，输得也就越惨。不要对不懂得疼惜你的男人恋恋不舍，更不必继续付出你的柔情和爱情。

可是等他真正和麦吉在一起了，麦吉会经常摇着他的手臂，睁着水汪汪的眼睛娇嗲嗲地叫他“亲爱的”。当麦吉兴致盎然地告诉他她买了非常性感的新内衣，还在电影院小角落里解开两颗扣子给他看，当麦吉在疯狂的情人节之夜咬着一朵他送的红玫瑰在他身边跳弗朗明哥……噢，老天！怎么会有这种女人？她不水性杨花见异思迁，她甚至在别的男人面前显得太正经太无趣，却给了她自己的男人专属的活色生香。跟这种女人在一起，一辈子都不会厌烦。

相反有些女人，对所有男人都极尽挑逗之事，所有人都会觉得她妩媚有风情。然而真正相处一段日子后，你会发现，这种女人两眼无神，常常抑郁，爱发牢骚，她对你不用心不体贴也不会让你开心。她们也没有能力，工作平平，不思进取。

她唯一会的事情就是迅速钓男人上钩，得到之后便不会珍惜，而是迅速想着寻找下一个目标。看上这种女人的男人，实在有眼无珠！比起成天装模作样卖弄风骚的女人来，正经女人给你的私人妩媚才是天赐的宝，那也才是真正聪明的女人。

若喜欢 hello kitty，就别用马尔克斯钓男人

我喜欢有内涵的女孩子，但有时候，我觉得坦率的女孩子也很可爱。可是，不论你是哪种女孩，都最好表现出自己真实的样子。

雪雪和小夕是从小一起长大的好姐妹。刚认识她们的时候，我常常怀疑她们的友谊，她们两个实在相差太大了。雪雪相貌平凡，身材一般，还有些罗圈腿，走起路来不太好看。她的一头秀发倒是可圈可点，长至腰际，可惜她从不会用心打理，常常随便扎个马尾辫就出门了。此外，她是市立图书馆一个小小的管理员，岗位平凡，工资也一般。而小夕长相美丽，据说小时候还做过童星，参演的几部电视剧也都有很高的收视率。现在她是一家演艺公司的模特儿，凭着天使般的面孔和魔鬼般的身材在演艺圈发展得很不错。

除了外表上的差异，这两个人的性格、学识也差异巨大。雪雪文静内敛，若不主动与她讲话，很可能发现不了她的存在。可一旦跟雪雪聊起来你就会知道，这个女孩子举止优雅，品味高尚。她读马尔克斯的小说，听外国音乐，看得懂西班牙文情诗……这种渊博和涵养深深埋藏在她平凡的外表下，有个词叫“静水流深”，就是形容她这样的女子。而小夕个性大大咧咧，说起话来还夹杂

着各种网络流行语，不时冒几个脏字，骂起人来也超有气势。她就是个到哪里都爱招摇过市的疯女孩。

小夕最近恋爱了。她拍写真时遇到一位长相俊美、才华横溢的摄影师，从此一发不可收拾地着迷。她每天回来都要拉着雪雪倾诉：他是混血儿，眼睛蓝得像大海；他手指修长，骨节突出，弹得一手好钢琴。最令她着迷的是：他学识过人，仿佛全天下没有他不懂的。

当摄影师谈论起马尔克斯时，小夕照搬雪雪的原话跟他侃侃而谈。在交谈过程中，小夕还会冒出两句从雪雪那里听来的西班牙语，令摄影师惊喜。他们开始约会，摄影师以为找到了知音，这世上原来真的有美貌与智慧并存的女子。小夕也不愧是个好演员，在很长一段时间里都没有露馅。

可涵养这种东西最不会骗人，瞒得过一时也瞒不过一世。摄影师慢慢察觉出小夕的怪异：为什么有那么深文化修养的美女却经常弄错文学常识，为什么对喜欢的音乐侃侃而谈独具见解的女人却听不出餐厅里正在放着“她喜欢”的钢琴曲……更奇怪的是，小夕明明说自己讨厌 **hello kitty** 的幼稚粉嫩，可每每看到 **hello kitty**，她又不自觉表现出一副喜不自胜的样子。

终于，摄影师与雪雪相遇了。起初只当她是个再普通不过的女孩，交谈之下却连连赞叹雪雪是个有内涵的女子。

有句话说的好：我们爱上一个人，通常是因为灵魂能够沟通。摄影师和雪雪就是如此。几番交往，摄影师猜出了一些事，最后他跟小夕和平分手，与雪雪成了一对甜蜜情侣。

小夕郁闷地跟我说：“早知如此，就不在他面前装得好像自己懂很多。”我笑言：“对嘛，你若喜欢 **hello kitty**，就不要装作喜欢马尔克斯的样子去勾引他。”

倘若真的不聪明，坦率也是一种魅力。聪明人装傻很可爱，傻人装聪明可就贻笑大方了。假装，也要在能力范畴之内，不然就成了小丑表演了。

任性的恋爱是由甜到苦，清醒的恋爱是由苦到甜

女人一谈恋爱，常常会变得特别任性，甚至不可理喻。

米微原是个性独立、品格坚强的女孩。她常说她一定不会随随便便谈恋爱，在她看来谈恋爱费时费力还不一定有好结果，她可是要做事业的，哪里有大把时间精力来浪费。于是直到事业小成，她才从众多追求者当中选了一位与她旗鼓相当的男人。

恋爱这回事，也许开头有所不同，原因各异，一旦真正热恋起来，那故事就大同小异了。每对情侣都是如胶似漆，就算做最无聊的事情也都充满新鲜感，感觉甜蜜得不得了。

米微也一样，真正投入恋爱里，她就像彻底换了一人，再没了以往女强人的模样，成了一个彻头彻尾的小女人。她也爱撒娇，也爱耍个性，生气了就要闹，伤心了就要哭，烦闷了就要倾诉，失望了就要冷战……男友苦恼了：他原以为选择了一位事业型伴侣，谁想女强人恋爱起来，仍是个不懂事的小女孩。

我提醒米微：“你要适可而止，要冷静理智一些。”

米微反驳我：“我们相爱，我们在恋爱，我当然要让情绪自然流淌，我对他任性理所当然啊。”

因为是情侣，甚至因为认定你是我命中注定永不分开的另一半，所以我生气，你必须陪我生气；我难过，你一定要陪我难过；我若受委屈，你又怎能在一旁不顾不管？我们要相亲相爱，我们还要同甘共苦。

所以我把所有的情绪都放在你身上，又有什么不对？这就是米微的想法。

米微一点也不懂，爱情不是买卖。不是我买了你的爱情，你就必须服从我的意志跟情绪，我的悲伤、失望、愤怒、忧郁、压抑等种种不堪承受的情绪你也要通通帮我承受。爱情绝对不是这样的！

爱情是一项亘古的事业，即便爱人常换，事业却永存。

若女人失去理智，放任自己的任性，便相当于迷迷糊糊地把好男人赶走。

事实上，女人的任性对男人有什么影响呢？什么都没有。男人受不了自然会扭头就走，而那苦果却要女人自己来承担。

在这种任性的情绪里，女人变了形，男人变了心，结果只能以分手告终。只有清醒地谈恋爱，女人才会快乐，男人才会永久。

终于，米微的男友提出冷静期，米微才开始深思我的话。

之后，当再次出现在众人眼前，她又变回了原来独立、坚强、爽朗、明媚的米微。

跟男友相处的时候，她也开始控制自己任性的情绪。她终于懂得装个小任性小生气是情趣，而任由情绪发作甚至胡搅蛮缠就是痛苦。

相爱已不易，就别再苛求“心有灵犀”了

很多情况下，女人认为自己所经历的不是爱情，而是寂寞。

阿玲有一个完美到令人羡慕嫉妒恨的男友，见过他的人都说他是一个超级好男人。男友确实非常优秀，对她也很好，但是阿玲总是觉得不满意，可究竟哪里不满意，阿玲自己也说不清楚。

他们俩一起逛街，阿玲看上一件碎花连衣裙，问男友好不好看，男友说好看。她问哪里好看，他想了半天，只说哪里都好看。阿玲觉得和他在一起真没意思。

情人节，男友捧着一大束红玫瑰来接阿玲。阿玲接过玫瑰，心里却一点儿也不欢喜：其实，她更喜欢香水百合。

当一个男人对你说“分手吧”，请不要哭泣和流泪，应该笑着说“等你说这话很久了”，然后转身走掉。要相信自己，善待自己，让自己的生活精彩纷呈。你对自己好，不是要让某个人后悔，而是要让自己的人生更精彩。

两人一起聊天，聊着聊着阿玲就昏昏欲睡了。男友也没有说错什么，可她就是觉得他说的话题索然无味。很多时候，男友问了一句话，她也只是敷衍两句却没有兴致往下接。

于是，阿玲觉得好寂寞，好寂寞。怎么会如此寂寞呢？两个人在一起的体温，竟然也温暖不了阿玲的心。

“为什么会这样？我该怎么办？”阿玲非常苦恼。

我一下子就理解了阿玲的痛苦。她看透了这个男人，可是这个男人不了解她，没办法与她“心有灵犀一点通”。他甚至根本

不知道阿玲是什么样的人，他对她有误会，而且他还爱上了那个误会。

我提议："要不然这样，你们分开一段时间。不是分手，是冷却一下这段关系。你再仔细想一想，顺便再看看，能不能遇到更合适的人。"爱，哪里是一件容易的事情呢？

其实我觉得，这样一场误会如果能够维系一生，也没什么不好的，毕竟谁都不完美。听从了我的建议，阿玲开始接触一些别的男人，结果令她更加失望。能理解她的男人不是太穷，就是太花心，好不容易碰到一个又有钱又忠诚的男人，又对她没感觉。而那些同样不理解她的，还不如男友对她好。转了一圈回来，她发现还是现在这个男人最好。虽然，他让阿玲觉得寂寞，却也只不过是寂寞而已。

当爱情叩响你心灵的大门时，你要像谨慎的老妈妈一样，先在房间里问一声"谁呀，"然后再拉开一道门缝，仔细瞧一瞧、问一问。切勿一下子把门拉开，让陌生人闯进来。

"现在你怎么想？"我问阿玲。"他已经很好啦，我努力努力，起码让他了解我的习惯和喜好，这次我会放下以前的不耐烦和不安定，我会耐心并且坚定信心和他一起走下去。"

是的，既然找不到更好的人，那么这一个又有什么不好？他用真心爱着你，虽然他误解了你，他爱上了那个幻想中的你，他也没办法了解你……可是他爱你，其他条件也都满足你的心理预期，你还想要怎样？**只要你能够了解他、看透他，那么不妨装个傻，就让他误会一生好了。**

你不是真心想留，又何必奢望他等待

有些女人天生心野，这样的女人最好不要谈恋爱。

小艾的恋爱经验超级丰富，从国中开始到现在，她谈恋爱的次数用十根手指都数不过来。和现在的男朋友刚刚交往三个月，她的心里就开始不安分，莫名其妙地蠢蠢欲动，可就连她自己也不知道自己想要的是什么。

一天，她在网络上认识了子俊。一开始他们只是随便闲聊的网友，后来越聊越投机，简直无话不谈。小艾把心事通通都告诉给子俊，毫无保留。子俊对她说：你有一颗不安定的心，你天生是一个不甘平凡的女人，只有刺激的生活才能给你带来快乐。

小艾顿时以为找到了知音，频频点头。她觉得子俊比男友更懂她。子俊对小艾说他近期打算到尼泊尔徒步旅行，问小艾有没有兴趣跟他一起去。小艾毫不犹豫地答应了他。

那一段时间小艾“失踪”了，她男友、家人、朋友到处都找不到她。如果不是小艾走时留了一张字条，他们一定会报警了。

两个月以后，小艾拒绝了子俊的表白，快乐地回来。她其实并不爱子俊，也不想接受子俊的情意，她只是喜欢这种浪漫刺激的生活。

面对家人的怒气，小艾乖乖听骂；面对男友的质问，小艾却毫无愧疚，像个不懂事的小女孩撒娇，装无辜。男友也拿她没办法，他爱上她的时候，就是爱她这种涉世未深的小女孩模样。可是她不懂事到这个地步，怎么能一起度过一生呢？

结局自然以分手告终。

他说，我累了，让我冷静一段时间好么？你要说“好”，
因为他是来通知你的，不是来征得你同意的。

小艾跑过来问我：“为什么我每次恋爱都失败？我没有对不起他们，又不是真的什么都不懂，装装样子逃避责问嘛，每个女人都会这样做啊。为什么他们都离开我？”

“因为你心太野。因为你做得过分了。”我直接回答她。

女人有很多小缺点：爱慕虚荣、斤斤计较、贪钱守财、头脑不聪明等，其实在一定范围内这些小毛病都无伤大雅，甚至很多女人都因为这些小毛病显得特别可爱。但是女人不能心太野，总是坐不住站不定，漫无目的地向外寻找，而究竟寻找什么她自己也不知道。这种女人永不知足，你给了她最好的：你的钱、你的爱、你的关怀、你的一切，她通通看不见，听不进。她有着一颗不安分的心，总想寻找新的刺激，她只想离开你，再离开下一个，离开她拥有的。

她要的不是拥有，而是经历。可是，你若不是真心要“留下”，又怎能奢望一个男人安心“等待”？做了那么过分的事情，不是装个傻、发个嗲可以抹平的。

心太野的女人，就不要去谈恋爱啦。

除非，你能把心圈起来。

聪明女人懂得“和平分手”

分手以后，女人总喜欢狠狠地丢下一句：别以为我很爱你！

可莉跟男友分手时就甩出了这句话。男友不置可否，安然离去，从此抱着老死不相往来的心思，再也没有联系过可莉。

可莉真的不爱他了吗？才不是。

大家一起唱歌时，她总是点最悲伤的情歌，唱着唱着，泪流满面。每一首歌里都有她和他的故事，每一首歌里都有她爱他的心情和她被遗弃的苦痛。

大家去吃饭，她点他喜欢吃的东西，自己默默地吃，偶尔跟朋友搭两句话也是心不在焉。姐妹淘一起逛街，指着一件衣服说可莉穿起来一定很好看，可莉却摇摇头说这件衣服不是他中意的风格。

虽然朋友们想带可莉出来一起玩让她散散心，尽早走出失恋的阴影，可每次可莉都会让大家扫兴。

渐渐地，大家一起聚会逛街再也不叫上可莉了。人人都讨厌怨妇！

如果一个男人真的痴情，那不管你爱不爱他，他都会对你无法放手；若一个男人对你的爱仅限于你爱他的时刻，等值的生意他肯做，赔本便不肯再干，可见这份爱也就仅仅是一份普通的爱，不值得为它付出更多。

可莉真的没那么爱他吗？骗人。她对他说，别以为我很爱你，其实只是因为不服气，不甘心被抛弃而已。

在一场爱情里，你全心全意地爱了，付出了，到最后你才发现，原来你真心爱的那个男人，并不像想象中那样爱你，反而最后抛弃了你。分手时刻，所有的羞辱、委屈、不服、自尊，通通涌上心头，让你在最后咬着牙，恨恨地丢下一句：别以为我很爱你。

你以为说出这句话就能挽回你的自尊，证明这一场感情你没有输？真傻！为什么要说反话，为什么要掩饰？

可怡是可莉的妹妹。两姐妹命运相似，可莉失恋没多久，可怡也失恋了。

可是两姐妹性子却完全相反。可怡分手的时候，哭得特别伤心，反复对男友表达爱意和不舍。

后来朋友们带着可怡一起出去玩，可怡也跟着吃吃喝喝要多疯有多疯。一旦被问及伤心事，她就难过到不行，说自己仍然深爱着他，也非常珍惜这段感情，只是缘分已尽，只能祝福男友一切安好。她对朋友说，她相信时间会治愈所有的伤痛，留下来的都是美好的回忆。

朋友纷纷心疼道："你怎么那么傻？"她的真挚也赢得了朋友的好感。前任虽然放弃了她，可心里也很难受，他放下的是一份深刻纯真的爱，他怎么能不为这种放弃而悲伤？**比起倔强不服输的恨，一份傻傻的爱更让人感动。**后来，可怡的前男友对可怡尽心尽力，可怡的事他都放在心上，努力帮忙，而可莉跟前男友却是真正的恩断义绝。

不要让他有机会对你说"滚"

许多人都遇见过这种情况：你什么都没有的时候，死心塌地爱上一个人，你只想紧紧地依附着他，心里眼里全都是他；可他却总是对你忽冷忽热，忽近忽远，让你捉摸不定，胡思乱想。但当你什么都不缺，有自己的事业和朋友，有自己的性格和思想的时候，他反而会想方设法取悦你，天天想黏着你。

莫尼卡在念大学的时候，在校外打工的咖啡馆里认识了事业有成的萨姆。这像是一部小说的开头。萨姆多金又多情，而且待莫尼卡超级好。没多久，他们俩就同居了。

四年后，两人的感情从热恋趋于平静，在别人眼里，他们俩俨然就是一对小夫妻了。在结婚这个问题上，萨姆也从没含糊过，他跟别人介绍莫尼卡的时候，常常说“这是我太太”，莫尼卡跟同事说起萨姆时，也总是“老公”长“老公”短地叫着。说实话，他们就差一张证书，一个婚礼了。

忽然有一天，萨姆和莫尼卡发生争执，吵得不可开交。最后萨姆对莫尼卡大喊“滚！”莫尼卡收拾好行李出了萨姆家的门。冷风吹得她直打哆嗦，站在街头，她放声大哭。天地那么大，她竟无处可去。记得大学的时候，萨姆也叫她“滚”过，那时候她可以当自己是个孩子，躲回宿舍里面等萨姆来道歉，可现在呢？

莫尼卡在冷风中坐了一夜，第二天萨姆才出来找她。她低着头，默默跟他走回去的时候，内心充满了屈辱。她发誓，从此以后萨姆再也没有机会对她说“滚”。莫尼卡拿出自己所有的积蓄，又向亲朋好友借了些钱，在离她公司不远的地方买了一栋房子。付了首期以后，莫尼卡觉得找回了一点点自尊。萨姆问要不要帮她把剩余的钱付清，莫尼卡拒绝了。

永远不要无休止地围着你喜欢的那个男人转，尽管你喜欢得掏心掏肺，几乎快要死掉了，也还是要学着给他空间，小心缠得太紧勒死了他。

莫尼卡省吃俭用，拼命工作，拼命赚外快。朋友们都很疑惑，莫尼卡有那么好的男朋友，怎么还要自己出来打拼，那么辛苦，真是太傻了。莫尼卡点点头：“对啊，我就是那么傻。”之后便不再说什么。用了整整六年的时间，她还完了房贷，还把自己的房子装修得美丽雅致，特别温馨，独自一人住在里面。

住进了自己的房子以后，莫尼卡就变了。她不再对萨姆千依百顺，随传随到。萨姆喝醉了头痛难受，她不会赶过去照顾他，反而窝在家里看电影，只在第二天早上发条短信问候一下。这些年，为了赚钱，她做了很多事，同时也学到了很多东西，现在她升职加薪了，要做的事情更多，也更重要。莫尼卡对现在的生活感到非常满足。

萨姆开始黏人了。他喜欢赖在莫尼卡家里不走，喜欢缠着莫尼卡陪他，他甚至会在莫尼卡熬夜工作的时候为她泡一杯咖啡。有时候，除了爱情，我们还需要独立，独立也是为了让爱更美好。身边这个男人并不是十全十美，他虽然爱着你，但是很多时候，他没有办法让你事事都顺心，他毕竟不会读心术。甚至，他说话做事偶尔会伤害你的自尊心，让你觉得委屈。遇到这种情况该怎么办呢？是忍耐一生吗？当然不。聪明的女人，不会把男人当成生活的唯一，而是更懂得要让自己有“底气”。

男人对女人来说，只能锦上添花，为你原本就美好的生活添加爱情的甜蜜。绝不要指望男人能够为你雪中送炭，无论你缺什么他都会给你送来。当你什么都没有，只把自己交给他，他未必能时时把你捧在手心。等到你什么都不缺了，有他无他都可以，他反而会绞尽脑汁来取悦你。

幸福的小傻招

- 当面包和爱情同时出现在你眼前，成为一道选择题时，你不是要作决定，而是要假装没看见，继续寻找。
- 身体从来不是爱情的手段，而是一个重要的因素，你必须交予一人，交给珍视和承诺，但绝不要只交给爱情。
- 女人是被爱的动物，只要能找到被爱的感觉，离开一个男人、忘记一个男人也不是什么难办的事情。
- 女人跟男人相处的时候傻一点会显得可爱，可是看待男人平时的表现则要分外精明。他若只对你一个人好，你便要小心，有一天，他会像对别人那样对你。
- 千万不要指望一个天生懒惰的男人会对你有多好，他甚至有可能把所有的问题都丢给你。

第2章

以站立的姿势，“傻傻”依偎婚姻这棵树

当爱情美丽的外衣悄然褪去，婚后的你，幸福了吗？

偶然发现了老公的私房钱，她忍住愤怒不去质问，最终为何反而收获意外的感动？

曾经被婆婆大骂“败家”的她，如何成功实现逆转，最终变成了婆婆疼爱的“小女儿”？

很多时候，一个拥抱，一杯咖啡，妻子与丈夫的感情就会在这份温暖里面不断升温。

做一个好妻子、好媳妇其实不难，聪明的女人告诉你如何“傻傻”地依偎婚姻这棵大树。

“潜力股”男人不一定可靠

很多女人说嫁不到绩优股，起码也要嫁一只潜力股。这就是个笑话！哪个女人有一双慧眼可以看穿命运？嫁潜力股就好像拿自己的后半辈子做赌注，赌的还是捉摸不透的运气。

问眉眉当初为什么要嫁西彦，眉眉就说当初看好他有前途啊，觉得是一只不错的潜力股，将来一定会有好日子过。

于是眉眉在结婚之后吃苦耐劳，毫不抱怨，耐心地等着“好日子”快快到来。结果日子过得几年如一日，当初是什么样子，现在依然是什么样子。眉眉心灰意冷，开始跟朋友们抱怨自己当时如何没眼光，挑了一个没前途的男人。

有一次，她问茜茜：“为什么你的眼光那么好呢？你怎么看出辉耀会发达啊？”

茜茜理所当然：“因为辉耀从来就不是潜力股啊！”

眉眉瞪着她那漂亮的大眼睛惊呼：“怎么可能？！当初辉耀和

西彦条件差不多啊。你是怎么看出来的？”

茜茜感到奇怪了：“怎么会差不多？！辉耀那时候的职业规划做得很详细，而且正一步一步按部就班地走。虽然那时候他也是业务员，但是公司有内部消息说已经敲定他要升主管了。另外你不知道吧？辉耀那时候已经在外面跟朋友合伙做生意，当时赚得虽然不多，可是前景看起来很不错。他现在的一切都是因为当初有基础，然后一点点扩大做出来的。”

眉眉垮着脸念叨：“原来如此。”

即便这个社会再怎样提倡女性崛起，至今却仍然不能否认一种观点：婚姻是女人的第二次投胎，而且这一次，女人可以自主选择。

当你需要依附在男人身上才过得下去，他就不会觉得你有魅力了。你自己也可以把人生打点好，但偶尔露出没有他不行的样子，他就会觉得自己好重要，你也好迷人！

与其说女人嫁的是一个男人，不如说，女人嫁的是后半生的命运。绩优股男人，人人都抢着要，竞争太大，多数女人都没有明显的优势可以挣到一只“绩优股”。

于是有人说，要找个潜力股男人。这种男人隐藏着良好的质量，有担当，有责任心，正平凡着但不甘于平庸，具有强大的爆发力，只要有机会，一遇风云便能化龙腾飞。

可是机会在哪里，你要等多久？如果一个男人现在不能令你满意，你凭什么能判定他的将来一定会让你心花怒放、得享富贵？别傻了！绩优股男人也好，潜力股男人也好，在谈感情的同时，他目前的状态一定要让你能够发自内心地觉得：就这样过一辈子也不错。如果你感觉很委屈，如果你只是为了他的将来而嫁给他，那么将来的你只会更委屈。

在考虑嫁人这件事上，一定不能装傻，好像你不在意、不难过、不委屈，还傻傻地跑去骗他：我爱你的现在，我是个幸福的新娘。最终，只能害人害己。

做不了事业，就做男人背后的傻女人好了

女人靠自己，有钱有事业又活得有品味，是一种命运。女人没办法靠自己，只能靠男人才有美好的生活，是另一种命运。

钱莉莉一毕业就嫁人了，婚后便在家里做全职主妇。她家里请了菲佣，家务不用她多操心。先生和她都对现在的两人世界乐此不疲，暂时还没打算进行造人事业。钱莉莉的主要活动就是打扮得漂漂亮亮的，看电影，逛街，跟姐妹淘聚会，跟婆婆帮们打牌。

后来她突然对考古感兴趣，又跑去上学，顺理成章地成为全校最漂亮最拉风的学生，每天开着她的粉色宝马小跑车上下学；偶尔不开车，也会有俊帅的老公接送，当真羡煞所有女孩。

当然也有人看她不起。

> “有什么了不起？运气好嫁了个好老公而已。”
>
> “靠男人算什么？靠自己才是真的可靠。”
>
> “女人要自己有事业，自己赚钱自己花，自己给自己

安全感。像她这样太傻了，万一有一天被老公抛弃，自己都养不起自己哦。”

后来钱莉莉的先生有一次投资失败，公司周转不灵。钱莉莉辞退了菲佣，开始自己做家务。出门再也开不起车，钱莉莉就坐公交车、挤地铁。好在那时候他们依然没有小孩。两人同甘共苦从头打拼，渐渐公司状况重新好起来。

从那以后，很多朋友对钱莉莉有了新的认识。同学聚会的时候，人家问钱莉莉：你怎么肯对一个男人如此死心塌地，还为他牺牲事业，牺牲自己？

钱莉莉当时笑而不语，后来才对自己的密友说出其中缘由：“如果我自己做事业，所得待遇只会比这更差。你是知道我的，不擅长交际，做事马虎而且容易出错，脑袋不灵光，反应又迟钝。而且我没有事业心，最多找份工作勉强糊口，浑浑噩噩度日，还不如靠男人。”

女人能够自己创业，甚至做得风生水起，艰难困苦可以一力承担，险阻困厄也可独自咽下，走到哪里都自有一股独立强大的气势，这是一种很好的命运，独自支起自己的天空，男人不再是必需品。那时，当女人选择嫁给一个男人，也不过是因为跟这个男人在一起她很开心。不开心的时候也可以拔脚离开，来去自如。

可是有些女人，只能靠男人。很多人许是嫉妒，许是看不惯，纷纷骂她们傻，就像钱莉莉，可是她们拥有自知之明，这才是真聪明。她们知道自己做不起事业，只有依靠男人才能活得更好，婚姻就是她们这一生最要紧的事业，那还怕什么牺牲事业服侍男人？就做他们背后的傻女人好了。

婚后生活，幽默感比爱更重要

恋爱是两个人一起找刺激，婚姻是两个人一起过生活。夫妻双方常常会有摩擦，幽默感就是润滑油，使两人的摩擦不会产生刺耳的声音。

安慧脾气不太好，火气一上来怎样都压不住。可是她跟先生在一起那么多年，两人只有小拌嘴却从无大争吵。据安慧自己说，这很大程度上要归功于先生的幽默大度。

记得有一次，不知先生做了什么天怒人怨的错事，惹安慧生了好大的气，安慧碎碎念个不停，先生突然笑眯眯递过来一杯茶："停一停喝口茶啦。"安慧瞪他："你想讨好我，让我不要再说了，是不是？"先生夸张地大呼冤枉："哪有！你先喝口茶再继续说嘛。瞧你嘴巴都说到干了。"安慧"噗"地一笑，什么埋怨都瞬间烟消云散了。

成为夫妻，意味着彼此承担责任，相互关照，相互给予并滋养；情侣则意味着彼此接受，相互发现，寻找乐趣并彼此欣赏。

安慧有时候跟我感慨：原来婚姻也可以是一件很好玩的事！我点头：有幽默感的婚姻当然好玩！结婚前，爱最重要；结婚后，幽默感最重要。接着我对安慧说，"你也要培养幽默感啊，总不能一直是你先生逗你笑吧。"安慧想了想，说要回去试一试。

过两天，我八卦地跑去问她："你的幽默是怎么样的？"她大笑对我说，原来装傻也是一种幽默啊。

那段日子，世界杯足球赛正如火如荼。安慧的先生是一个标准的球迷，安慧对足球没有兴趣，很不以为然，一到世界杯就把电视让给先生，自己跑去玩电脑。这一次她却跑过来跟先生一起看，一边看还一边不停地问：

"裁判那个动作是什么意思？"

"他为什么要往回跑？"

"哎呀这样不犯规吗？"

先生不耐烦又耐心解说的样子逗乐了安慧，后来安慧不管懂不懂，都要缠着先生问这问那，问得先生哭笑不得，但是安慧知道，先生心里很开心，她的"傻"取悦了他。

我听了大笑，安慧是个聪明女人！

什么是幽默感？很多人认为会开玩笑、会讲笑话就是幽默感。当然不对！

笑话讲不好会冷场，玩笑开不好还会得罪人。你做一件事、说一句话，或者你的一个表情、一个动作，能够让对方内心有甜甜的开心的感觉，就是幽默感。

幽默感本身就是一种情趣。有时候称赞对方是幽默，有时候做一些让对方震惊的事情也是幽默，有时候挤眉弄眼的一个怪表情也足以表现幽默，有时候装傻也是一种幽默。

幽默是一种创意的活动。如果丈夫不够幽默，那么作为妻子何不动动自己的脑筋，多一些创意，多一点幽默呢？

如果在一段婚姻里，你常常让对方笑，让对方感觉到温馨、贴心、暖心、感动，这段婚姻怎能不幸福到地久天长？

所有的爱情都是一见钟情，所有的婚姻都是日久生情

纵观世界上伟大的爱情：灰姑娘与王子，罗密欧与朱丽叶，梁山伯与祝英台……我们可以得出结论：所有真正的伟大的爱情，都是从一见钟情开始。

只是在人群中望了一眼，就再也无法忘怀。透过这一眼可以明白，那就是你生生世世追寻的人。于是不管两个人发生了什么，甚至就算什么都没发生，可是在你内心已经开始天崩地裂、轰轰烈烈，生生死死随人愿，酸酸楚楚无人怨。真美啊！可是当一粒钟情的种子遭遇婚姻的果实，还能这般美好到让人落泪吗？

芳子跟先生是透过一个交友网站认识的，没聊过几次天就决定见面。这次见面非但没有“见光死”，反而令双方一见钟情。他们觉得对方就是自己想要的那个人，理所当然地就恋爱了。

恋爱一周后，他们同居了；同居刚满一个月，他们结婚了。也许，这就是大家俗称的“闪电结婚”。

婚后第一个月，果真是“蜜月”期。他们如胶似漆、难舍难分，恨不得上洗手间都要一起。第二个月开始，一切都不一样了。芳子原本以为先生是一座长着丰美水草的湖，景色宜人，她愿意在他那座湖里住一辈子。但是现在她发现，揭开了湖面的水草，里

面的乱流和嶙峋怪石是她从没看到过，也从未想到过的。

芳子没问过先生的过去。可是结婚的第二个月，先生的"过去"就浮出水面了，那个女人声泪俱下跟先生说自己多么后悔，要重归于好。先生拒绝过但又心软，常常背着芳子接"过去"的电话，而且还百般温柔抚慰。

烦恼事还不只这一件，先生的很多生活习惯都不好：不爱干净，不喜欢打扫房间，东西乱丢……而且还不太尊重芳子的父母。更令芳子难过的是，先生工作不认真不用心，整天得过且过，从不想升职加薪的事情。而他却超重视物质生活，花钱如流水，每次自己的薪水都撑不到半个月……总之，芳子很苦恼，感觉快要发疯了。她觉得继闪电结婚之后，她恐怕要闪电离婚了。

有的时候，爱情可以是一个人的事情，尤其对女人来说，它可以毫无预警地撞击她们心底最柔软的角落，让她们兀自甜蜜温暖，如泣如诉，百转千回。但是婚姻一定是两个人的事情，一定要男女双方的齿轮完整咬合，才能正常运转。你可以确定那个人是不是你爱的人，但你不能透过一眼来确定他是不是你要嫁的人。

婚姻能够长久，必定是日久生情。你要充分了解那个男人：他的家庭、父母、工作、品性、兴趣爱好、生活态度等。有些问题甚至需要你再三考虑，仔细确认：你能够忍受他的缺点吗？他能满足你的心理和精神需要吗？你们的生活方式接近吗？……只有当答案全部是"是"，你才可以作决定。

一见钟情之后，如果你想嫁给这个男人，务必不要矜持，不要不好意思，要把以上问题都通通问个清楚。这时候你千万不能装傻，也不要顾虑男人的想法。如果他误解你，你大可直接走开，这样的男人不值得留恋，不如转身到下一个拐角，等待属于你的好男人。

用“装傻”的大智慧拯救婚姻危机

第三者出现，女人首先要做的不是哭天喊地痛斥男人变心，而是要搞清楚，身边这个男人是天生花心，还是只想找一找刺激而已。

自从发现那个女人，米雅的生活开始变得乱成一团糟。她不知所措，诚惶诚恐，既想天翻地覆地哭闹一场，又期待着丈夫能够回心转意，那她就可以当作这件事不曾发生，那个女人也不曾存在。

米雅六神无主了，跑来问我她该怎么办。

“这是第几次了？”我先问。

米雅愣住了，可见她从未想过这个问题。

“如果这是第一次，我想他心里也不好受，毕竟你们结婚五年了。你跟他好好谈一谈，说清楚了，也许就没事了。如果这种事发生过好多次……那就算了吧亲爱的。”

米雅请人调查了一下自己的丈夫，这么多年来，丈夫只有出轨这一次。米雅把那女孩的照片传送给我看，问我：“你看她是不是更漂亮、更可爱、更懂他、更贴心？”

“不，一点也不。但是她一定更新鲜、更刺激、更有意思。”米雅跟丈夫结婚五年，五年以来平静无波的婚姻，成了米雅的习惯，也成了丈夫的习惯。突然有一天，米雅仍然习惯着，可是丈夫不习惯了，他心痒了。于是他有了外遇，他找到一个第三者，第三者可以止痒。婚姻是打了麻醉剂的身体，他只看见第三者止了心痒，却没看见第三者犹如一把刀刺得全身流血不止。

我告诉米雅，你一面要做个敏捷的警察，赶走第三者那把凶器；一面要做个细心的医生，把你丈夫身上的伤口一一治愈，无痛还要不留疤。米雅是个聪明的女人，几乎一点就通。她在家里什么都不说，装作什么都不知道，只是让自己变得更甜蜜、更漂亮、更富有情趣，也变得更体贴、更温柔。她数次在丈夫的眼睛里看见挣扎和羞愧——是的，只有先激起男人的爱与责任，才能继而让他们认错和回归家庭。

接着，她找机会接近了那个女人。客观地说，那是个单纯可爱的女孩子，她不欲破坏她的家庭也不奢望得到爱情之外的东西，她只不过是爱错了人。于是米雅跟她摊牌，告诉她自己的身份，然后温柔劝说，最后奉上一句："你不是第一个，也不会是最后一个。我只是看你单纯，才忍不住劝你。若你要一意孤行，我也无所谓，反正我丈夫不会跟我离婚。"女孩自动消失了。丈夫受了伤回来，又羞又愧，觉得妻子才是最好的。

摆脱三角关系的出路一般有两种形式，一种是"进入"，一种是"跳出"。当其中一方选择跳出时，仍留在里面的另一方则多半会在很长一段时间内继续纠缠不清，难以解脱。

如果男人不是花心，不是不停劈腿、外遇、找第三者，只不过因为对妻子"审美疲劳"，一时寻个刺激，女人千万不要大吵大闹雪上加霜。其实很多时候，你"不知道"比你"知道"更具有优势。你在让男人“以为你不知道”的情况下解决问题，才有可能继续维系一个没有伤痕也不留疤的婚姻。

你太强势或太弱势，他都可能去搞外遇

你一个人生活，无论坚强软弱，都是你一个人的事情。你若嫁了一个男人，强弱就要自己好好把握了。

秦老师是有名的婚恋专家。她离婚之后，跑去修心理学，拿到学位便开了一间婚恋心理咨询工作室，帮助更多的伤心人答疑解惑。她说，她希望更多人能好好处理自己的婚姻，即便受到伤害，也可以尽快从悲伤中走出来，开始新的生活。

秦老师的那段婚史不是秘密。她结婚前已经移民到加拿大，父母也住在那边。丈夫抛不开台北的事业，不愿意跟她一起移民，婚后她便随着丈夫在台北定居。加拿大那边还有她的朋友和部分事业，所以她常常两地跑。就这样即便工作、生活很忙，秦老师自认她绝对尽到了一个好妻子、好母亲的责任。

有一天，她从加拿大回来，没有提前通知丈夫，还买了花，想给丈夫一个惊喜，那天正好是她们结婚十五周年的纪念日。她到家以后找了一只漂亮的花瓶，开始用心插花。正在这时，她听到卧房里丈夫的手机响了——那个糊涂虫忘记带手机了。她取来看是一条短信，上面的女性名字很陌生，她在大脑里搜索半天，也没想起丈夫有那么一位朋友。

在好奇心的驱使下，她打开了那一条短信。那是一条很露骨、很赤裸裸的情话。等查阅了丈夫的所有短信，她基本上也就明白

了事情的始末。更可恨的是，对于丈夫的外遇，她的公公、婆婆、小姑……几乎所有亲戚朋友都知道，所有人都只瞒着她一个人。后来有朋友告诉她，丈夫还带着外遇对象去给婆婆祝寿，那个人还给她儿子买过礼物。

事情闹到不可收拾，只好离婚了。离婚以后，秦老师不停思考：为什么？她没半点对不起他，她做足了女人的本分，为什么她会遭遇这种事？最后她得出一个结论，她太强势了，无论是工作，还是持家。她的丈夫本就不是个大男人，做事优柔寡断，在婚前她却认为那是温柔。这样一个男人在她这样的女人面前，大概是有些抬不起头。于是，外遇对象的清新可人不是正合心意?

这世上有很多男人在遇到问题时，并不想着解决问题，而是逃避。外遇是逃避问题的最好手段，兼有麻醉剂和止痛剂的作用。秦老师有一次开讲座时分析说：女人结婚后，强弱一定要自己把握好。太强就要学会装傻，要学会指导丈夫解决问题，而不是自己一马当先披荆斩棘；太弱就做足小女人的样子，同时努力学着处理问题。

即使再能干，也不要在婆婆面前炫耀

女人永远要记住，同性相斥。你再好，跟婆婆也永远不可能变成母女。

施兰是个像狮子那样自信、矫捷、聪明、敏锐的女人。商场上她几乎是个神话，有一段时间，对手公司一听到要跟施兰做的策划案两军对垒一决胜负，就立即弃甲投降。嫁人以后，虽说她放在事业上的心思少很多，却也仍是个难缠的对手。

一般情况下，这种事业型女性的婚姻，总会遇到一个无可避免的瓶颈——婚姻与事业的平衡。施兰倒是无此困惑，她的丈夫是个与她旗鼓相当甚至更胜一筹的人物。他们两个人的故事，棋逢对手、惺惺相惜是起点，互相倾慕、百年好合自然成为终点。无论是从工作事业上，还是生活理念上，他们都出奇地合拍。

既然丈夫不成问题，那么让她不顺意的大概只有婆婆了。

那日施兰一见到我，就开始狂轰滥炸我的脑神经，劈里啪啦不停诉苦，直说得我头晕脑胀。总结一下，大概就是：她已是面面俱到争取做个好媳妇，可婆婆仍然对她处处不满意。

我问施兰："你都做了什么？"施兰说逢年过节她先行把亲戚朋友的礼物打点好送去；家里有什么重大活动，她一肩挑起，准备得井井有条；出门逛街，偶尔会帮婆婆买衣服——说到这里她插话夸奖自己一番，说婆婆穿上自己买的衣服显得年轻十岁，过往婆婆穿衣品味太差。

大小琐事说了一堆，我听明白了：施兰是个太过能干的媳妇。

我打断了她："停停停！施兰，我承认你是个好媳妇。可是你怎么可以显得比你的婆婆还要聪明能干呢？"本身同为女性，大家之间便会存在竞争。婆婆和媳妇本是"陌生人"，只因为一个男人才有了联系。

这种联系其实很脆弱。在一段婚姻里，婆婆失去了儿子的依赖，媳妇又想能够对丈夫独占，这时倘若男人不会处理两个女人之间的关系，那么很容易让两个女人剑拔弩张，让婆媳关系紧张到极点。

如果两人处于争夺战里，自然就八仙过海各显神通。可是在施兰跟婆婆的这一场战争里，她根本不给婆婆施展的机会。她一来到这个家里就成了主角，婆婆英雄再无用武之地，当然不会喜欢她。

在婚姻里，你若自认做得足够好，却仍不得婆婆欢心，那么就该想想，你是不是好得太过了。

你永远无法成为婆婆的女儿，但是不妨用女儿装傻撒娇的手段对付婆婆，请教这个、求教那个，甚至必要时“傻傻地”把功劳推给婆婆，这不是皆大欢喜吗？

知道老公有私房钱，也别说出来

女人喜欢管住男人的钱包，这是出于缺乏安全感的天性。

小米结婚以后，就牢牢掌控住家里的财政大权，甚至老公的每一笔支出她都要清楚明白。丈夫不是浪漫的人，他对小米的爱和包容从不表现在言语上，而是在行动上，因此对于小米近乎苛刻的理财方式，丈夫并不放在心上。

一个周末，老公加班。小米一个人在家，百无聊赖地跑到书房想抽本书来看。翻着翻着，突然从书里掉出一本存折，她细细翻看，发现每月定期都有一笔钱存入。毫无疑问，这是老公的私房钱！小米神色复杂地盯着这本存折，觉得这张薄薄的纸异常沉重，甚至若有似无地发出尖锐的嘲笑，在对她冷嘲热讽，甚至与她两军对垒，仿佛战争就快要爆发。

小米开始胡思乱想：这些钱虽然数额不大，可是老公为什么要存私房钱？他对自己是不是心存不满？他要用这些钱做什么？小米重视的不是钱，而是老公这种行为的寓意。她由此心生各种担心，最盘桓不去的担心就是：他是否在外有了红粉知己？然后她开始愤怒，她已接受老公的木讷，不要求他记住每一个纪念日，不强求他买花买礼物制造浪漫，他怎么可以这样？！

正在这时，家里的电话响起来了。小米吓了一跳，她赶忙把存折放回书里，物归原处，然后跑去接电话。是老公打来的，他跟小米报备说晚上要出去应酬，不回家吃饭。小米木然地答应着，内心五味杂陈。

接下来的一段日子，小米内心煎熬却不动声色。确切地说，是她不知道该如何开口问丈夫。书房里的那本书更是成为小米的禁忌，再不碰触。直到有一天，小米跟老公回家看望母亲。刚进门，就听见妈妈笑着说："家里的沙发旧是旧，但是还能用呀，你又乱花钱。"小米愕然，老公一边对小米眨眼睛一边说："这怎么能算乱花呢？早就该给您换一套沙发了。"

小米明白过来，心里分外甜蜜。她从此认识到：男人存私房钱不见得是坏事，数额又不大，最后又全部都用来为她和她的家人付出，为什么要在意呢？她佯装生气噘嘴道："你是不是又向朋友借钱啦？跟你讲哦，这不算家庭财政支出，自己想办法还啊。"老公扮作一副可怜兮兮的样子来哄她，又逗到她笑不停。

小米跟我说起这件事的时候，特别庆幸当时没有傻头傻脑地去跟老公问个清楚明白。那样不仅白费了老公一番苦心，还平白给生活制造伤痕。我连连点头说："难得糊涂嘛！你若爱他，就要爱他的钱，包括他赚的钱和他的私房钱。爱不同的钱有不同的方式。”说完，我们俩一起哈哈大笑。

结婚后，男人爱你的表现就是把他所有的钱交给你，包括他在地上捡到的钱。但是，他可以不花钱，却不能没钱“应急”。有时候男人存私房钱，其实存的不是钱，而是心理上的一个安全感。在充分表达爱你之后，他还有“余力”为你付出。那女人还要在意什么呢？就当作不知道好了。嘘，这是我们“心知肚明的秘密”。

做一个被全家人喜欢的购物狂

女人天生是购物狂，只不过有些女人更明显一点。

萧萧在结婚前，就已经跟丈夫充分说明，购物是她的乐趣，不可割舍。丈夫也认为，他爱萧萧就要爱她的全部，喜欢购物也不是什么难以接受的事，而且萧萧不是那种没有分寸的女孩子。但是结婚后，他崩溃地发现，这个他和他家人都不在意的“兴趣爱好”，却险些引发一场家庭战争。

萧萧的婆婆是典型的传统妇女，奉守勤俭节约的美德。当她看到萧萧天天换不同款式的衣服，满屋子不合时宜也不太用得上的潮流新品，这边未用完那边又新买的化妆品……她终于忍不住爆发了。

一开始只是念叨数落，萧萧也默默忍耐着，左耳进右耳出，转身再去逛街缓解情绪。婆婆见萧萧讲不听，终于破口大骂萧萧败家。萧萧也忍无可忍开始回嘴，一场大战就此拉开帷幕，殃及池鱼无数，萧萧可怜的老公自然深受其害；接着萧萧的妈妈看不

打扮得再美，穿得再昂贵，都只是幌子，
用善良做的外衣才是真的美。

过去，加入混战。三个女人一起八卦等于五百只鸭子在叫，那么三个女人一起吵架保守估计也有八百只鸭子汇聚了。这场战争最终以两败俱伤终结。萧萧在表面上服软，答应婆婆尽量减少购物，婆婆也不甘不愿地说尽量包容萧萧。

“有没有两全其美的办法？”萧萧苦恼地问我。

其实，我并不赞成萧萧那种购物狂生活，仿佛一日不花钱便浑身不舒服。但我仍然帮萧萧想主意：“你看这样好不好？你想买东西的时候，就顺便买一样东西送给一位家人。其实你自己赚的钱已足够花，爱逛街买东西本也没什么大错。但是想想你婆婆可从未经历过这种‘奢侈’的生活，看不顺眼很正常啦。”

萧萧笑了：“对对。婆婆也是女人，女人跟女人在一起，哪里有不嫉妒的？既然我不愿意跟她一起过苦日子，那就带着她过好日子好了。”我的朋友真是聪明，总是一点就通。

我们的内心并没有为积极的情绪和消极的情绪划分出不同的空间。因此，当愤怒被掩盖时，就意味着生活的快乐也同时被掩盖了。

往后的日子，萧萧稍稍收敛，却仍是个不折不扣的购物狂，但是婆婆却不再对萧萧大发雷霆，只因每次萧萧满载而归时，总有她至少一份礼物，而且后来萧萧买的东西越来越合她心意。婆婆出于过去的习惯，总劝萧萧以后要改，不能这样花钱如流水，萧萧就装傻说：“好啊好啊。可是妈妈我看见一件超美的衣服好适合你，你真的不让我买呀？不买回来给你我会好难过啦。”这样的话让婆婆也拿她没办法。

做购物狂不要紧，最要紧的是，让全家都能够开心地包容、体谅你。

大气女强人不该嫁强势大男人

我们不得不承认一个事实：女权早就兴起了，女强人也越来也多。

金美儿跟志文是大学同学，四年相知相恋，情深意重。大学一毕业，当别的同学都忙着找工作、考托福、出国的时候，他们俩却幸福甜蜜地结了婚。

婚后，两人开始打拼各自的事业。志文大学时便是全校有名的硬朗强势的大男人，是无数女生心目中的白马王子，他聪明、英俊、幽默、可爱，还是运动健将；金美儿却是个不起眼的小女生，她最喜欢做的事就是躲在志文怀里傻笑。他们的爱情就像是现实版的童话故事，王子与公主过着幸福的生活，真是羡煞旁人。

然而志文的事业运却没有金美儿好。刚入行，金美儿就有幸接到一个大项目，虽说只是做副手，却一下子学习到许多宝贵经验，她很快成为能够独当一面的小主管，事业蒸蒸日上。

而志文五年来仍然是庸庸碌碌的小职员，就连夫妻俩买房的首期款都是金美儿支付的。金美儿当然不会跟丈夫计较这些，她为了平衡丈夫的心理，还常常忙里偷闲给丈夫做做小菜，打理打理丈夫衣服。也是因为要顾及丈夫的感受，她一般不把工作带回家，也不在家中接工作电话。要我说，金美儿实在是现代女子的典范。

可金美儿有一天随口跟我说，志文最近对她好冷淡，她怀疑他工作出问题了。接着没多久，她从朋友那里得知，志文最近与一个陌生女人交往甚密。金美儿当时立即反驳："不可能！"她不敢相信，他们的感情太牢靠太稳定了，从学生时代到入职工作，他们一直没有隔阂，相亲相爱。

金美儿问志文，志文想了想，说他没有外遇，但是要求离婚。这对金美儿的打击太大了！金美儿不明白，丈夫没有外遇，他们没有争吵，最多也不过因为她工作太忙，聚少离多。这样平静的生活有什么不好，怎么会严重到要离婚的地步？

"因为你做得太刻意了，亲爱的。志文的性格你很清楚，他心性好强，你的事业做得比他好，他必然耿耿于怀。尽管你小心翼翼，再累也要尽量回家给他做些精致美食，你不在家里工作，不在他面前谈工作。你以为你装得很好吗？你愈这样装傻回避，便愈显得他无能。"这是我的回答。

且不去纠结男人外遇的真假，其实"女强男弱"就是一个无论如何也不能回避的重要因素。女权早就兴起，女人说"靠山山倒，靠水水流，靠男人会死，靠自己最好"。

女人早已明白自己的价值，也早已拥有不容侵犯的尊严。她们走进职场，掀起一轮又一轮脑力风暴，她们证明自己是比男人更高级更有潜力的动物。结果一不小心，她们强过了自己的丈夫。

而这时女人强大的情商也表现出来了，她们其实不是不明白丈夫的心结，只是她们深谙装傻之道，在家里说话做事都顾忌着丈夫的感受，希望能够平衡事业上"女强男弱"带来的紧张感。问题是，丈夫也不是傻的，你这样明显的"装傻"，他怎能感受不到？

时间久了，不但不会感谢你的“小心呵护”，反而会觉得你“假惺惺”。虽然当时不好对你怨怪发泄，然而最终，他不在沉默中爆发，就在沉默中变态。

“你总是……”“你从来不……”这样的话好似定时炸弹，随时可能把夫妻感情炸得面目全非，因为它们是“抱怨者专用语”。若有问题，应该坐下来好好谈，让他知道你的感受和建议，再询问他的看法。坦率沟通比一味指责抱怨有效得多。

其实我觉得，大气女强人本就不该嫁给强势大男人，最适合她们的应该是居家小男人。但无奈每个女强人似乎都有“力量崇拜症”，只对更强势的男人有感觉。

既然木已成舟，那在家里不妨“装”得更专业一点，事业上的问题多问一点，明白也问，不明白也问，不要避而不谈。慢慢地，男人会放下“戒心”，觉得你做得那么好，不过是“运气”。

家不是讲道理的地方

在家里事事讲道理的女人挺傻的，因为那个地方根本没道理可讲。

慧心在结婚前就知道丈夫不仅要赡养自己的父母，还有一个姨婆。据说姨婆很可怜，年轻时丈夫病逝，她一个女人好不容易把儿子养大成人，结果儿子大学刚毕业就车祸身亡，剩下她一个人孤苦伶仃。丈夫不忍心看姨婆年纪那么大了还无人照顾，就想把她接过来一起住。

慧心是个很心软的女人，听到姨婆可怜的身世，就跟丈夫说：婚后一定对姨婆好，让姨婆开开心心。可是真正相处起来，却完全是另外的样子。

姨婆很勤快也很能干，洗衣、打扫、煮饭等家务慧心一概不用做，姨婆一个人游刃有余。慧心一开始很感激姨婆，但是后来越来越受不了姨婆面面俱到的“服务”。

很多时候，她的东西、丈夫的东西通通找不到，要问过姨婆才知道东西收在哪里。有时候她要去书房工作，姨婆却拉住她说一些很无聊的话，而且没完没了。

再后来，慧心生了儿子，姨婆就老跟她抢孩子，除了喂母乳的时间，她几乎见不着孩子的面。等孩子断奶了，仿佛更没她这个妈妈什么事情了。

姨婆总说她跟老公工作忙，孩子不用他们操心，她会照看得很好。她哪里是照看？分明是隔绝。慧心跟丈夫“抗议”过很多次，丈夫劝她说姨婆也是好心，再说姨婆也没拦着她看孩子。

有一次慧心抱着儿子才刚刚一会儿，也不知道怎么了，儿子就开始哭。姨婆一把将儿子抱回去，就开始指责慧心不会照顾小孩。甚至连丈夫也跟着一起“讨伐”慧心，慧心真是有苦难言：儿子从出生到现在她抱过几回？她哪里有机会照顾孩子。

慧心愈说愈伤心，几乎哭出来，她跟我感慨：“婚姻果然是爱情的坟墓！他们根本不讲道理，我都快被他们逼疯了！”

说实话，我一点也不同情慧心，我对她说：“你总不能一辈子只谈恋爱不结婚吧。不怪婚姻，也不怪你老公和姨婆，是你自己的钝感力太差！”

“钝感力”是日本作家渡边淳一发明的词，直译过来就是“迟钝的力量”。面对生活种种挫折和困难，不要那么敏感，慢半拍地去应对，也不过于理性地分析反思，这是一种赢得美好生活的手段和智慧。

爱情走入婚姻以后，便不再只是两个人的浪漫那么简单。你必须进一步升级，要试着学会用“钝感力”去包容和接纳，从而对全家人产生一种“一生的责任心”。慧心太敏感了，又一直不成长，用一颗恋爱的心过婚姻生活，再用自以为的理智指责丈夫和姨婆“不讲理”。拜托！这是一个家又不是法庭，哪有那么多道理让你讲？万事清楚明白，分清对错和责任，那日子要怎么过？婚姻生活里，要学着“钝”一点，“傻”一点，提升钝感力，才能家庭和睦、身心健康。

婚姻这场戏，不用“品味”做包装

有品位的女人开始总会吸引很多男人，但是女人结婚，如果还带着包装好的品味陪嫁，很多时候就会显得不合时宜了。

有一位读者曾告诉我，她结婚一年后，突然有一天老公跟她说：“我觉得你就像个大明星一样，我们的家就是你的舞台，我只是个小小的剧务，而你的任务就是每天打扮得光鲜靓丽做戏给别人看。”

老公回忆说，他们刚结婚时，说好了要去度蜜月，好不容易选定了地方，老婆却一直没办法确定路线，结果耽误了行程。他说走西线吧，她嫌西线没意思，人太多大煞风景；老公又建议走东线，老婆又说东线没有好景色，路程又太远。

等老公终于想出一个不喧闹嘈杂、路程远近合适、景色也算迷人的路线，老婆又开始为食宿问题困扰，还振振有词地说旅行是为了享受人生，品味最重要，又不是艰苦修行，食宿怎么能太差呢。最后老公为了这该死的品味绞尽脑汁另外安排行程，最终却只不过得到一个“差强人意”的评价。

没错，跟老婆在一起有很多有品位的节目：看话剧、听音乐会、下围棋、逛博物馆……那段日子，老公觉得自己的品味一下子提升了很多。可是结婚以后，他却觉得老婆的品味就像个魔鬼，自己的服装搭配、领带颜色、皮鞋款式、吃饭的样子、走路的姿势……处处受挑剔，因为没有一样符合她的品味。

“你知道吗？现在就连出门跟你吃一顿饭我都战战兢兢，生怕点了鸡肉却又不小心点了红葡萄酒，违背你‘白肉配白酒’的原则。帮你冲了一杯卡布奇诺就担心你会不会摔杯子，然后暗暗埋怨冰箱里没有肉桂粉也不是我的错。我真的再也受不了你的品味了！”

老公说完后头也不回地离开家，老婆的眼圈红了。

女人学识丰富，有礼仪、有品味是一件好事，这让女人更富有魅力，更吸引男人。都说在几种让男人永远不想离开的女人里，有内涵的女人排在第一位。可是当这种内涵、品味处处细致地表现在现实生活里，就实在是件糟糕的事情了。

当女人变本加厉，用她的品味要求她的老公时，对老公来讲无异于一次次挑战他的尊严。一开始，他或许还愿意忍耐，那是因为他宠爱着你；但是当他开始忍无可忍的时候，你就危险了。

他在你面前仿佛是礼仪品味学院最差劲的学生，最后你让他厌恶，让他没自尊，让他从爱你变成恨你。

如果你也是个品味高尚的女性，那么请注意：别把你的品味带进婚姻生活，更不要用你的品味嫌弃你的丈夫。

即便你要改造他，让他变得和你一样有品味，也请你显得“傻”一些，默默地引导你“聪明”的丈夫。总之，你再有品味，也有责任保护丈夫的自尊。

一个男人的好，只有身边的女人才知道

女人最好记住：别的女人永远没有资格说你丈夫的坏话！

玫丽的姐妹都不大看得起她的丈夫。当初玫丽决定嫁给他，姐妹竟然全体出动劝阻。她们列出了玫丽不能嫁给他的几大理由：

第一，他没前途。玫丽是台大毕业的高材生，毕业后进了世界500强工作；反观她丈夫，师专毕业，在国小做老师。天啊，这种男人有什么前途可言？

第二，他没好相貌好身材好气质。如果一个男人注定不能拥有璀璨的事业，那么能令女人心动的大概就是皮相了。可是玫丽的老公长相一般，胖胖的，虽然还算可爱，但看着一副好欺负的样子。实在不懂玫丽到底看中了他哪一点。

第三，才华不能当饭吃。对，玫丽说她老公才华横溢，会写诗，会画画，还有一把好嗓子，唱歌超好听。拜托，

才华能当饭吃吗？再说即便他有搞艺术的天分，可是有多少艺术家穷困潦倒、客死异乡，也只有极少数在死后才获得荣耀。

反正，她们是没看上这个男人，认定玫丽嫁给他不会幸福。

玫丽没出嫁的时候，每当她们说起男友不好，她也不予分辩。那时候爱情至上，她早已跳出三界外、不在五行中，她自顾自地谈她的恋爱，从不理姐妹们的“妄言”。

结婚后，玫丽有时候会觉得姐妹们说得也有道理。起先是微微苦恼，后来愈加烦躁，然后实在忍不住了，就开始跟我倾诉。我给她的建议是：三个月内不要见那些说丈夫坏话的姐妹，然后摒弃心里的各种杂念，好好体味一下跟丈夫相处的生活。

这三个月，玫丽经常跟我分享她跟丈夫在一起的点滴。比如丈夫聊起学校里那些学生时的样子很耀眼，那种满足的神采让她想快点做母亲；比如丈夫周末喜欢窝在家里画很Q很可爱的漫画，她在一旁看得津津有味，还会忍不住帮忙想剧情；比如丈夫跟她商量想养一只狗，她不同意，丈夫委屈的表情很有意思，令她情不自禁地摸摸他的头说：“乖，我们家已经有一只了。”然后看到丈夫更郁闷的样子，让她无比开怀。

“他真的很可爱。”玫丽总结道。

“一个男人的好，只有在他身边的那个女人才知道。别人有什么资格评论，有什么资格唆使那个女人离开？”我问玫丽。

玫丽恍然大悟：“对，她们没资格，即便她们是我的姐妹。”

跟任何人在一起聊天，哪怕是最好的姐妹，当她们指责你的丈夫时，绝不能装糊涂。客观评论可以忍受，如果只是一味批评就必须维护。维护他，就是维护你自己的幸福。

无条件相信是一种“傻”福气

能够无条件相信一个人，是一种福气。女人能够无条件相信她的丈夫，是一家人的福气。

青在朋友们眼里，一开始就是一个有福气的女人。在这个只同居不结婚的年代，青早早就嫁了一个称心如意的郎君，工作安稳悠闲，生活也美满如意。

只是近两年，朋友们开始觉得青是一个很傻的女人。以前朋友聚会，青常常带着丈夫一起出席，会上两人更是恩爱热闹，羡煞一干单身或情路不顺的姐妹。可是近年来，朋友聚会上再也见不到青丈夫的身影了。还有人偶尔在西餐厅望见青的丈夫与艳丽女子单独用餐。后来，也是听青说她的丈夫常常应酬晚归，夫妻俩几乎没有多少时间共处。于是姐妹们开始想象着青面临婚变的危机，明着暗着提醒青要多多注意丈夫的行为。

> 对于女人来说，感情和事业是可以协调的；如果两者不能协调，那不是感情出了问题就是事业出了问题。

青却傻傻地眨眨眼说：“我相信他。”

可笑！男人分给你多少时间，就代表他分给你多少爱，你的丈夫几乎不见你，他对你情感淡了，你谈何相信他？！姐妹们觉得青被这几年的婚姻生活磨去了智慧，变成了一个愚昧的妇人。

姐妹们拜托我向青打听她的真实想法，**MSN** 上遇到青，我便细细问道：“你是真的相信他？不是装给别人看的，也对此没有怨言？”

“每个人都怕受到伤害，疑心是出于对自己的保护，这本无可厚非。但是自从我决定嫁给他，也就决定了无条件相信他。那些疑心、担忧、不安、焦虑在婚前我都已经通通经历过，也通通彻悟了，现在我已经将它们全部封锁，义无反顾。”

我叹息：“这是一种福气，是你带给全家人的福气。”

当女人决定了要嫁给一个男人，当时就需要对他累积足够的信任。只有她坚信跟他在一起能够拥有美好的生活，她才会点头托付终身。可是很多时候，这种信任常常在婚后被女人自己的胡思乱想所摧毁。

恋爱时他的重心是她，结婚后，慢慢地他忙于工作、应酬、拓展事业，总之他渐渐疏远了她，他开始显得不那么在意她的心情，对她的要求也不那么上心。于是很多女人开始犯疑心病：他是不是不爱我了？他是不是有了别的女人？然后开始责问，开始提要求……一连串的猜测和疑心使得原本美好的婚姻渐渐出现裂纹，也使得原本诚实可信的丈夫变得不再对她真心坦诚。这种时候，事态如果不好好控制，一段幸福的婚姻有可能就会毁灭，即便不离婚，也绝不美满。

无条件信任是一种爱的能力，尤其在婚姻里。恋爱中的爱是花香，婚姻中的爱是空气。你不能因为闻不到花香就怀疑自己是否在呼吸。你选定了一个男人，跟定了他，他就会把你当成他自己来爱一生。这种看似痴傻的婚姻态度，实乃大智慧。

后来经过时间证实，青的丈夫实际上是在工作之余找到门路做起生意，因为风险很大，不愿青担心，才没有对青说实话。

拥抱 + 咖啡 = 甜美婚姻

好多人、好多朋友都问我，怎样才能拥有一个美满的婚姻？我总回答，只要做好两件事：拥抱，喝咖啡。朋友们听后都嗤之以鼻，只有薇薇暗暗记在心间，并且付之行动。

薇薇并不特别，相貌和身材都很一般，念书的时候也是成绩平平。毕业以后在一家公司做小秘书，“不思进取”地过生活。工作两年后，薇薇顺利地跟男朋友结婚。这就是普通人的生活，我们都是普通人，没有那么多生生死死、痴痴怨怨的爱恋。

可是小小的薇薇也有大大的梦想：她希望自己的婚姻可以保持甜美，永不变质。每天早晨，老公送她到公司，她总要抱一抱他才下车。如果两个人因为什么事情生气吵架，薇薇会在吵得不可开交之时停下来，做几个深呼吸，然后继续争吵，循环往复，直到吵出结果。而不管结果好坏，薇薇总要轻轻问一句：“你能抱抱我吗？”我想那时，薇薇老公的心一定已经变得很软很软。

他们曾经遍游台北的咖啡馆。薇薇跟老公约定，不管有多忙，一个月至少要两个人一起去一次咖啡馆，哪怕带着计算机去咖啡馆工作也好。两人每次都会换一家，相对而坐，一边品评咖啡馆的设计，一边聊天，聊最近的工作、朋友、家人，还有各自脑袋里的奇思妙想，好似他们两个此时不是夫妻，而是许久未见的朋友。慢慢地，老公喜欢上了这项活动。再后来，好似能聊的都聊

相爱的最高境界不是相看两不厌，
而是两个人静静地对坐着，做同样的事情。

过了，两人便在咖啡馆静坐一天，听音乐不说话，也无比舒适。

再有人跟薇薇讨教婚姻保鲜法的时候，薇薇就说：“没什么了不起，我只是做好了两件事：拥抱，喝咖啡。”朋友们啧啧称奇，又来问我，这次她们问的是：“为什么？”

因为拥抱训练依赖，喝咖啡训练放松和独立。

触摸是人的本能，从远古而来。我一直觉得这有着十分深远的意义，我没有办法用科学的方式解释给你听。人心里的秘密，当思想和语言都达不到的时候，拥抱可以达到。它引发内心复杂的感情，激发一种说不清楚的紧密联系，并且透过更进一步的连续的刺激，比如爱抚，比如亲吻，比如做爱，最终达到一种“相依为命”的境界。你不能每天跟丈夫做爱，但总可以每天都去拥抱他，拥抱让你们无法分开。

婚姻不是公主王子从此过上了幸福的生活，而是新的责任和麻烦的开始。面对突然复杂起来的生活，女人无法像男人一样保持轻松潇洒，但你若把事情复杂化，它就会无止境地复杂下去。我们应该学会把复杂的问题简单化。

而喝咖啡这件事，目的不是咖啡，是相对融入又相对隔阂的空间。这个空间可以带来独立思考的自由，可以带来无话不谈的放松，可以带来深沉的理解和包容，可以带来无尽的凝想和希望。

朋友们埋怨我为什么以前不说。亲爱的，我要怎样说呢？懂的人一点就通，看似“很傻很天真”，其实心如明镜。不懂的人点通了也不会去做。她们只会抱怨没有办法坚持，还借口多多：

很多时候想不到啦，想到的时候又要赶着去做别的事情，太忙了没时间……这样“看似”聪明的女人，实则是真傻。

就算寂寞，也不能消遣老公

以为结婚后就是两个人的世界，从此不再孤单，快乐有人一起分享，忧愁也有人一同分担，就这样一辈子不离不弃，也永远不会寂寞。实际上经历过婚姻的人都知道，这想法太天真，只算说对了一半婚姻的真谛。

阿夏最近遭遇婚后低谷期，她很烦躁，甚至无所适从。

她打电话约女友甲逛街，甲惊叫：“拜托！亲爱的，你不知道我在蜜月旅行吗？”啊，对了，上个月她才参加过甲的婚礼。

她给乙发短信，问乙有没有时间出来喝茶，乙回道：“不好意思啊，阿夏，婆婆有事要我陪她。”

她联系了所有能联系的朋友，然后发现所有人都在忙，所有人都有了自己的生活。阿夏扔掉手机，躺在床上看着天花板发呆：她好寂寞。怎么办？

阿夏刚结婚的时候，还有众多姐妹淘单身。丈夫忙，没时间陪她，她也不在意，反正有姐妹可以逛街、喝茶、聊天。丈夫觉得阿夏通情达理，从不无理取闹，但凡有时间，便安排很多节目讨阿夏欢心。

尽管妈妈们都催得紧，可是夫妻两人都觉得还年轻，应该先好好打拼，再说他们还没过够两人世界呢，所以他们一直都没有要小孩的意思。阿夏对这样的生活也满意至极！

然而几年过去了，姐妹们也陆续地结婚、生小孩，时间被生活琐事塞得满满当当，每次聚会都凑不齐人数，后来干脆谁也约不出来了。阿夏开始觉得无比寂寞。因为寂寞，她想做妈妈了。也是因为寂寞，她开始变得黏人，总希望丈夫陪在身边。

“阿夏，你该找点事情来做。”丈夫认真地对阿夏说。他们都没有做好养小孩的准备，而且阿夏不要小孩的理由很幼稚，她说现在的心态根本不适合做母亲。阿夏当然不是全职太太，她也有工作，但只是一个闲职，工作量很少，十分悠闲。

该找点什么事情呢？阿夏又开始发呆，然后又陷入一轮新的寂寞。我给阿夏的建议是：“你可以培养一个兴趣爱好，比如烹饪、画画。再不济，可以去读点书嘛。”

没错，结婚后就是两人世界，两人世界里当然不会孤单，当然要互相分享快乐、分担忧愁，但是永不寂寞是绝不可能的。夫妻不是连体婴，你们不可能一天二十四个小时黏在一起。朋友们早晚也都会有自己的事业、家庭，我们不再能够如年轻时那般肆无忌惮地聚会、聊天、逛街。

生活是一本琐琐碎碎、意外迭出的书。总有一个时段，它风平浪静，乏善可陈，于是让人觉得寂寞到窒息，就连最亲密的丈夫也没办法帮忙排遣。这个时候不要傻了，别慌，别乱，别烦躁。想想你儿时有什么梦想，想要做什么学什么，不如趁着这份“寂寞”去做去学好了。

当女人学会如何消遣婚姻里的寂寞，而不是消遣自己的老公、把生活弄糟，就变得又聪明了一点。

有缺点的老公才可爱

美貌让男人停下，智慧让男人留下。聪明的女人是一所学校，男人不仅愿意留下来认真学习，毕了业还想留校任职。女人于是感到颇为骄傲，这样优秀的男人是她“培养”出来的。别得意！这并不是你放心的时候，而恰恰是你危机的开始。

叶心萍学生时代就是大家公认的美貌与智慧并存的女生。她也很清楚自己将来要找什么样的男人来嫁。她常跟姐妹说，“男人，是需要被女人驯化和培养的。”她也自信没有一个男人天生能配得上她。既然找不到心目中的极品男人，那就自己“养”一个好了。

她挑选了一个素质不错的男朋友，先是用美貌征服他，然后用智慧折服他。别惊叹，确实有些女人天生有这种魔力，她会把她的男人越“养”越好。后来，她的男友真的越来越迷人，从学识到涵养，从为人到处事，处处合叶心萍的心意。一开始叶心萍只是拣选了他当作培养对象，现在叶心萍是真心爱上了他，叶心萍觉得自己也有皮格马利翁情结（美国著名心理学家罗森塔尔和雅格布森提出，又称作“暗示效应”，指别人的赞美，会增强一个人的自我价值。——编者注），爱上了自己的“作品”。

后来两人结婚，叶心萍觉得自己婚姻甜蜜，生活幸福，才不像姐妹们说的有那么多烦恼。正当叶心萍舒心地享受婚姻时，她发现丈夫身边突然不知从哪儿冒出来一大堆的追求者。那些女人似乎完全不把她这位正牌太太放在眼里，越来越大胆地对丈夫示爱，打着爱情的旗帜尽情破坏她的生活。

优秀的女人身边没有人，没有男人也没有女人，她总是孤家寡人地优秀着。可是优秀的男人身边总有很多人，有很多男人也自然有很多女人。我说过，女人天生就有“力量崇拜症”，对有能力、有涵养又充满男子气概的男人，女人往往会迅速沦陷，无可自拔，稍稍欠些理智的还会不顾一切，就算破坏别人家庭也在所不惜。

世上不乏美丽聪慧的女人擅长“培养”自己想要的男人，却不知有很多女人都在坐等收成，企图霸占你的“劳动果实”。也许她不知道那些优秀的男人是你培养的，反正她遇到了你的男人，还立刻感到那就是她想要的男人。

也许你自信你培养出来的男人依然爱你。没错，一个男人是要很爱你，才愿意继续留在你这所学校学习，毕业后还积极争当你这里的终身教授。只不过当他变成了你最优秀的学生，你就要当心别的学校来抢人。

所以我常说，不要对男人要求太高，不要指望把他培养成最优秀的那一个。人无完人，生活中，有瑕疵的个性也很可爱。太完美，反而不真实。而且，你仔细回想一下，你对他的“培养”里面多少是有压抑的成分，你现在的成功不代表将来毫无变数。

女人老记挂着自己的“功劳”，把“教导”出一个成功男人或者完美男人当成最理想的事，是不是太武断了呢？其实两个人在一起，最完美的相处之道是相互“影响”，而不是单方“施教”。叶心萍这种女人看似充满智慧，其实是自作聪明。

把恋爱时的眼泪带进婚姻里就太傻了

我不否认眼泪是女人对付男人的武器，可是恋爱里的眼泪跟婚姻里的眼泪是不一样的。

冉冉知道丈夫有个弱点：最怕她哭。她一哭，丈夫就会心软，会认错，会安慰她、然后千方百计地讨好她。冉冉觉得自己掌握了一个制胜法宝，有这个宝贝在，丈夫万事都会向她投降。而且眼泪流得多了，她自觉堪比奥斯卡影后，想流泪时就能流出来，可见她当真功底深厚。

男人喜欢母性的关怀，希望女人给他以母爱一般的宽容与理解，但他也希望她有不泯的童心，能跟自己傻傻地真实相处。与这种傻女人在一起，男人会觉得真实、安全又温馨。女人何乐而不为呢？

丈夫若忽视她了，没注意到她新买的衣服，或不花心思陪她，她就哭给他看，梨花带雨楚楚可怜，哭得他心都软了，只得连连求饶。

婆婆教训她了她也哭，哭得眼圈泛红，处处透着委屈，而且，不管她是对还是错，丈夫总要先安抚她才行，每次都气得婆婆咬牙切齿。

两人若因什么事情发生争执了，吵到最激烈处，她必会哭得惊天动地，称丈夫待她不好，再也过不下去了……这场架自然吵不下去了，丈夫还要腆着脸跟她赔罪道歉。

有了眼泪这个武器，冉冉愈发洋洋得意了，但眼泪用多了，她却隐隐感觉有些不安。可她还没来得及弄明白这种不安是来自哪里，丈夫跟她提离婚了。

“为什么？”

“我再也不能忍受你的眼泪。”

“你说过我的眼泪让你心疼。”

“可现在它让我害怕。”

“为什么？”

“我们恋爱的时候，你哭，我感受到的是你的爱。结婚以后就不是这样了，你总是埋怨，愤怒，责备，我受不了了。冉冉，你不能总是这样长不大。”

冉冉这次真的哭了。

“是你跟我讲，眼泪是女人的武器！”她来责怪我。

我好气又好笑：“是的，可是你用错了地方！你把恋爱时的眼泪带到婚姻里，这太傻了！”

“这有什么不一样？”冉冉有些歇斯底里。

这当然不一样。眼泪是女人的代名词，即便今天，女人的名字已经不叫弱者，但一个会因为感动、因为伤心、因为爱情而哭泣的女人仍然令人心生怜惜。男人会因为女人的眼泪认罪，并且发誓保护她，珍爱她。

但关键是：女人用情感谈恋爱，却必须用智慧过生活。眼泪是恋爱的情感表达方式，而婚姻却不同。婚姻里很多时候要靠智慧化解矛盾和纷争。眼泪不是维护婚姻的武器，也不是对付丈夫的法宝。跟男人谈恋爱，确实需要“对付”他；跟男人过日子，你却必须与他站在同一阵营，协同合作，你不能“对付”你的丈夫。

我不是说，结了婚的女人不可以哭。而是，当你结了婚，你对家庭负有责任之后，哭不能解决任何问题，只不过是逼着你的丈夫跟你妥协。人人都有底线，当丈夫被你逼到退无可退的时候，差不多你也该从这场婚姻里退场了。

倘若你真的伤了心，受了委屈，请你在解决问题之后再哭。这才是婚姻里的眼泪。

别以为终结一段婚姻就能找到真爱

很多女人以为毁掉一段糟糕的婚姻，就一定能够找到幸福的爱情。多么天真！

我曾经接到过一位读者的邮件：

> 亲爱的，我想离婚。
>
> 我可爱的儿子马上就要上高中了，以后他会住校。我终于得以喘息，来认真思考一下我的婚姻了。
>
> 其实，在跟他结婚之前，我们已经是三天一小吵，五天一大吵了。可当时我始终狠不下心来跟他说分手。我觉得如果我离开了，他一定很难受，我不想伤害他。于是每次吵完，我都会傻傻地原谅他，然后让自己忘记这次争吵。现在回头想想过去，我才知道自己有多愚蠢。当初我怜悯他，如今谁来怜悯我？我将近二十年的青春就这样埋葬在这里面，这个让我充满痛苦的婚姻！
>
> 我的丈夫是一个斤斤计较的人。他常常在家里据理

力争，而且不依不饶。他毒舌、暴躁，我与他一言不合他就大打出手，他真的完全无法控制自己的情绪。

更难过的是，他不但这样对我，也这样对我们的儿子。孩子从小到大没有得到过他一句夸奖，他总是一味地侮辱、谩骂，甚至嘲笑。天底下怎么会有这样的丈夫，这样的父亲？

但奇怪的是，这个在家里时时处处逞威风的男人，到了外面就变成了好好先生。他对朋友热情温和，对陌生人有礼谦让。

很多朋友都跟我说，他们非常羡慕我，得到这样一个模范丈夫。我真是有苦也说不出。有时我压抑得太厉害，就跟他朋友略微提及一下他的性情，但是却没有人相信我的话。他父母倒是明白实情，却从来也不会为我说话。

我现在简直是度日如年，只想等儿子高中毕业我便要离开这个家。说实话，我甚至不敢相信我竟然已经撑了这么久。

这日子就好像一帖慢性毒药，每每熬过一次，我都会害怕下次发作的时候,我会在劫难逃。而且我担心的是，真正谈起离婚了，将会面临诸多的麻烦。

我现在更纠结的是，离婚后我会怎样。所以，我希望我现在就找到一个男朋友，知我懂我体贴我，给我一点动力和信心，这样我离婚以后可以顺利地再结婚。否则等我离了婚，已是快五十的年纪，怕是根本不可能再找到什么人了。

我该怎么办？

看完这封邮件，我几乎不敢相信它来自一位四十多岁的成熟女性。如果她说的一切属实，那么她的丈夫真的亏欠她太多。而她也为了这一段不成熟、不理智的爱情付出了相当大的代价。

如今，她离婚的意愿很坚决，大概只是在于时间问题。我想如果没有儿子，这段婚姻恐怕早已不复存在了。

但是她想要从现在开始谈恋爱，等到离婚以后有一个现成的新郎陪她踏入另一座围城，这种想法简直天真至极！

婚姻不幸，很多人只想到埋怨对方，却从不知道其实自己也需要被责备。得到爱情的时候，以为自己幸福了，却忘记好好想想眼前这个人是否真的能够让你依靠一生。

性感，不一定要通过丰满的身材表现出来，它可以在一种特定氛围下的情调。披散着没有擦干的长发从浴室走出，神情慵懒，满屋清香，就像一株刚出水的芙蓉……这种情调下，你展现出的魅力是男人无法拒绝的。

像这位女主角一样，婚前，她就已经意识到了这段感情是有问题的。她却还继续装傻，粉饰太平。其实很多问题在婚前就已经萌芽了，但是真傻的女人都会天真地想：忍一忍吧，也许结婚以后就会变好了。殊不知，其实结婚只是一道程序，它并不能解决任何问题。

同样，爱情也只是一种感情，它也一样不能解决问题，甚至错误的爱情还会带来很多问题。

指望现在能够遇到一份新的爱情，带着你脱离苦海，我想这位女士还未真正清醒。爱情需要智慧，需要有选择和淘汰的智慧。

而婚姻需要心胸，需要接纳和理解的心胸。指望终结一段婚姻后再去找寻完美的爱情，比单纯的出轨更危险！

最傻的枕边话，造就最棒的夫妻档

枕边话若是傻话，夫妻之间会越来越甜蜜；枕边话若说得太精明，夫妻之间则会越来越貌合神离，最终落个同床异梦。

费晴躺在床上，看着一旁昏昏欲睡的老公，心里满满都是说不出的憋闷，她最近一直很苦恼，因为她的老公不再和她互动了。他们结婚三年了，老公当年相貌清俊，知情识趣，对她也是百般依顺，万般怜爱。可还只不过三年的时间，他怎么就变得如此不可爱了呢？

表面上，老公很听话，她说什么他都答“是”“好”“嗯”“听你的”……简直就是惜字如金。到后来，他甚至都懒得回答了，越来越沉默寡言，想听他多说几句话都难得，更别提当年追她时候的幽默了。

想来想去，费晴越来越觉得心慌，她忍不住了，推了推睡在一旁的老公，问道：“我最近和你说话，为什么你总是听我说，你自己的话却是越来越少了呢？”

老公半梦半醒，睡眼惺忪地敷衍道：“你让我说什么？我听话还不好吗？”

费晴这次不依不饶了：“你是不是对我有什么意见，或者我对你没新鲜感了？”

老公让费晴弄得再也睡不下去了，只好坐起来跟费晴说话：

有的时候不要太计较，男人都有点粗枝大叶。
忘了一件事不代表他不爱你，别自己吓自己。

“你也就只在三种情况下跟我说话：我开车时，我们吃饭时，还有就是现在睡觉时。你想想，在这三种时候，你让我拿什么心思跟你说话？”

“那我上班的时候你也可以给我打电话呀，或者……”

老公打了个呵欠，打断了费晴的假设情景，喃喃道：“你以为我们还在谈恋爱啊？我时时刻刻都得想着你，什么事情也都要围绕你转？赶紧睡吧。”

老公的话，让费晴气得牙痒痒：总算说句实话了，这才三年，他心里就没有我了！

当费晴用愤恨的语气跟我讲述她跟她老公的这一段生活时，我一时不知该说什么才好。

其实我以前注意到过一个细节。费晴在跟老公说话时，不管人前还是人后，总是特别不给他面子，也丝毫不知轻重。她会说：“我看走眼才选中你！”又说，“闭嘴，说你错了你就是错了！”还说，“我才不担心你，你死掉我也不伤心！”……这些话，怎么能不让丈夫心寒？

很多人都认为，这才是夫妻，万事都能开口说，什么都无须忌讳。然而事实上，很多夫妻也因为这“口无遮拦”、“毫不忌讳”而葬送了婚姻。女人们总爱口是心非，担心的时候装作不担心，明明想夸奖又要装作不满意，想着任性一下吧，却一个不小心变成蛮不讲理。我真为费晴这样的女人暗暗叹气：

“有没有听过一句话：结婚前你是什么样的人，那是上帝送给你的礼物。结婚后你是什么样的人，便是你送给爱人的礼物。你婚前娇俏甜美，柔情似水，婚后你怎么就变得这样尖酸刻薄，不惹人喜爱？有句话说得好，难得糊涂！过日子就是要学会装糊涂、装笨、装呆，但是你可不能不解风情。枕边话是夫妻夜话，是表达爱意，甚至是消除白日你和老公争吵的秘密武器。你跟老公说枕边话，不会说点好听的傻话吗？如果只是一味清算老公的错处，表达你的不满，满腹牢骚，他不烦才怪！”

女人闹情绪，往往喜欢用“你听我讲”来解决，其实说出的话很多根本就不过脑子，只是图嘴上一时痛快。可男人听你“讲”的时候，向来是用心又用脑，这样一来只能让分歧也越来越大。女人不放在心上的一些小事，却被男人放在了心上。

维持婚姻的动力不是爱情，而是亲情。在婚内对爱情依然有强烈的渴求，往往是造成婚姻破裂的重要原因。

人们常说女人“小心眼”，其实在某些事情上，男人的心眼也不大。可换句话来说，夫妻的枕边夜话若是顾虑重重，生活还有什么乐趣可言呢？其实，只要稍微聪明一些，你就可以明白，和老公平日里说话可以没大脑，这枕边话却要认真说。无论如何，都要让他在睡前的那番话里得到“爱的满足”，这样才能抵消平日的“怠慢”。

女人越傻越旺夫

很多旺夫的傻女人其实都在走同一条路：战略上旺夫，战术上旺己。

茉茉以前常去一个美食论坛。论坛上有一个知名度甚高的网友，名字就叫“旺夫女”，她可是私房菜的绝顶高手。每次她发文章，都会引来众人的高度关注，回帖子的人也是络绎不绝。她发的每个菜肴都令人叹为观止：从创意到选菜，从刀工到火候，甚至连最后的摆盘妆点，都精致到近乎完美，绝对是大师级水平。

“旺夫女”还经常晒出家中厨房、餐厅的照片。她家的厨房宽敞整洁，全套的高级厨具精美得令人眼红。餐厅的装修格调高雅，餐具一看也是价值不菲。甚至连桌布都独具特色，桌上摆的鲜花，也让我们惊叹女主人的插花手艺实在了得。而且花儿每天都换，常开不败。

这是什么质量的生活啊？茉茉一边说一边发出羡慕嫉妒恨的咆哮。为了平复心情，她自我安慰道：“旺夫女”有幸嫁了个事业蒸蒸日上的好老公，早早回家做个享受高质量生活的全职太太也是理所当然。只不过日日这般劳苦，“旺夫女”的姿色一定会日渐衰退。

马虎、大意、对家里的事不细心，是很多男人的通病，这也正是男人与女人互补的地方。过分纠结男人生活中的细节，往往是争吵接续，改善不多；但一味地隐忍不说，只能让男人对家庭的态度变得更加散漫。

谁知不久后，“旺夫女”便在网上晒出真人照。茉茉等一干粉丝直叹此女惊为天人，根本不是她所想的那种邋遢粗陋的厨娘，而是百分百气质美女一枚。“旺夫女”有着天使的面孔和魔鬼的身材，而且妆容精致，衣着时尚。照片一亮出来，论坛上就炸开了锅。男粉丝们纷纷发出“有妻如是，夫复何求”的慨叹和赞叹，女粉丝们则一致表示，坚决不能让自己的丈夫知道有此种女子的存在。

“旺夫女”的私房菜文章在论坛上活跃了两年，她的粉丝越来越多，人气也一直攀升。然而两年以后，她晒出的美食帖子却越来越少，尤其是最近，几乎零落到芳踪难觅的境地。不知道发生什么事情了，茉茉心存疑惑。她一直以来都对“旺夫女”推崇备至，偶像的突然消失让她也跟着一起很失落。

后来经过多方打探，茉茉才知道实情：原来“旺夫女”现在已经由气质主妇变身职场丽人了，所以没有太多时间和精力再来研究精巧菜式。“旺夫女”说，丈夫事业刚起步的时候，她帮不上什么忙，只能留在家里做做小菜，插插花，打理后方，为丈夫营造一个温馨有爱的家庭；眼见丈夫事业稳定发展了，如果还只是一味坐在家里每天等着丈夫回来品尝小菜，未免有些太单调无趣了。

不如趁着年轻，重新收拾行囊，征战职场，做不来大事业，做点小成就，也算给自己增加一些小情趣。

我听完茉茉的叙述，从前对“旺夫女”的不以为然一扫而光，不禁赞叹此女真是一个美貌与智慧兼得的极品女人。

不管是全职主妇还是职场丽人，不管是真的想旺夫还是希望自己风光，努力方向其实是不谋而合的：

立志当美女太太的，在维护自己完美形象的同时，不能忽略丈夫；

把治家当事业来做的全职主妇，要适当给自己“放放假”，建立自己的朋友圈和生活圈，活出真我滋味；

立志当女强人的，可以直率却不能太过，在自己男人面前也要傻一点，美一点，低调一点。

只有这样子做夫妻，才有意思。丈夫旺了，妻子自然也会旺。

幸福的小傻招

- 结婚前，爱最重要；结婚后，幽默感最重要。
- 在婚姻中，很多时候“不知道”比“知道”更具有优势。你在让男人“以为你不知道”的情况下解决问题，才有可能继续维系一个没有伤痕也不留疤的婚姻。
- 在婚姻里，你若自认做得足够好，却仍不得婆婆欢心，那么就该想想你是不是好得太过了。
- 无条件信任是一种爱的能力，尤其在婚姻里。你选定了一个男人，跟定了他，他就会把你当成他自己来爱一生。这种看似痴傻的婚姻态度，实乃大智慧。
- 两个人在一起时，最完美的相处之道是相互“影响”，而不是单方“施教”。

第3章

聪明女人，把工作看得比性命都重要

女性职场必胜有三宝：能力、外表、人缘好。

十年花开不败的“文案女王”，将成就归功于每天看一部电影。她是怎样将工作与爱好完美结合的？

面对同事的请教，常以“不知道”作答的迷糊虫，怎么会成为全公司最受欢迎的员工？

美丽在职场上是一种资本，但要怎样使用才能避免被“花瓶”的命运？

真正聪明的职场女人，知道什么事情该认真对待，什么场合该锋芒毕露，什么情况该“没心没肺”。其实，适当地装装傻，也是一种低调的聪明。

先想清楚，要谋生还是要做事业

谋生和做事业是两回事。

阿姿留学回来，进了一家外资银行做高层主管，工作得意，收入颇丰。阿姿对这种生活很满意。她日复一日地勤奋工作，周末逛街，年假去旅行。这些年，从欧洲到非洲，从巴厘岛到马尔代夫，她几乎跑遍了大半个地球。有哪个女人活得比她好？

思琴是阿姿的国中同学，学习成绩不算太出众，毕业后考上了一所三流大学。现在她也已经出来工作几年了。就在阿姿回国那一年，思琴组建自己的团队开了一个小工作室，每日工作时间超过十六个小时，全年无休。阿姿跑遍大半个地球的时候，思琴的工作室已经小有名气，接了好几个大项目。

一天，两人在一家餐厅巧遇，阿姿几乎认不出思琴。她的变化好大，令阿姿最有感触的是现在的思琴气质非凡。国中的时候，思琴个性有点温吞，穿戴也有些土，喜欢低头走路，看起来有点懦弱畏缩；而如今，思琴的目光锐利如锋，一身剪裁合体的套装，时尚又不失端庄，一言一行一举一动充满了自信与成功的魅力。两个人见了面又意外又惊喜，正巧都有时间，便坐下来点了些吃的东西，一起开开心心地聊天，像两个没长大的小女生。

“啊，那家工作室是你开的？我好喜欢你们的设计哦！”阿姿惊呼。

思琴谦虚地点点头，然后问阿姿喜不喜欢今年的新款，喜欢哪几款，她可以送给她。阿姿欣然接受，又是一连串的赞叹。

阿姿所能想到的最好的生活就是自己现在这个样子。她从没想过有一天，会遇到焕然一新的思琴，听她讲自己的创业故事，好像在看一本励志小说。要比赚钱，思琴赚的不一定真的比阿姿多，可是阿姿羡慕思琴。

学习决定你的高度，你的高度决定透明天花板的高度。工作中没有一成不变的定律，你要学会改变自己，以此适应职场的变化，也要学会不停地充实自己，改变自己的职场状况。

思琴最后跟阿姿说：“我从没想过要谋生啊，我一直都是在做事业。当初进公司，我不怕做跑腿小妹什么的，各个部门有事情我都去做。好多同事都说我是傻小妹，一个人做好几个人的事，哪里有工作就往哪里跑。其实，我只是不愿意放弃任何能学习的机会而已。”

不是谋生，而是在做事业。这句话敲响在阿姿耳边，振聋发聩一般。阿姿知道，无论今天她赚了多少钱，谋得了什么职位，过着多么有情调的生活，她也只不过是在谋生而已。

谋生和做事业是不一样的。女人在步入第一份工作时就该想清楚，自己是要谋生，还是要做事业。

谋生，就是找一份工作，跳几次槽，加几次薪水，赚够钱，安稳到老；做事业，就是要目的明确，一切为目标服务，赚多赚少，赔钱甚至赔光，也义无反顾，百折不回。

谋生和做事业，谈不上哪一种选择更聪明，或更傻。这不是一个聪明和傻的选择题，而是对人生道路不同的规划。

无论哪一种，好好走下去都是不错的人生。关键是，你想清楚了吗？不要到最后才后悔自己一事无成，或埋怨自己错过了安稳的人生。

知道吗？女人是比男人更高级的工作动物

很多事情、很多人都已经证明了一个真理：在工作上，女人可以做得跟男人一样好，甚至更好。

关于丽塔的传说已经听过很多次了，我每次总会被她的言论和故事征服。

丽塔是朋友圈里广为人知的传奇人物，她从一个小小的助理做起，最后变成了一个对各部门的工作都能完美胜任的职场女王。丽塔现在的职位虽是挂着总裁特助的名义，然而她却是公司最可靠的救火队长。无论哪个人的工作出了差错，丽塔总能完美解决。丽塔跳过几次槽，之前公司的老板每每见到她，也总要对她说：“做得不顺心就回来，你的位置还给你留着呢。”

丽塔不愧是职业女性的典范。她为什么那么能干呢？这个问题一直在我脑海中盘桓不去。有一次，我终于跟丽塔说上话了，她半开玩笑半认真地回答我：“因为女人有的优秀素质我都有啊。”

我听了哈哈大笑。我喜欢这种自信到近乎自恋的女人。女人不遗余力地爱自己、夸耀自己的时候，闪亮亮的真是非常耀眼。

我结合丽塔的话，开始观察周围的女性，得出一个结论：女人是比男人更高级的工作动物。

女人的温和柔软使她天生就具有完美的协调性。她可以用“柔”的力量化解团队的纷争，促进人与人之间的合作。一个团队中，当人心情烦闷时、与人争执时、遭遇艰难时，无论如何都不希望出现一个指手划脚、发号施令的男人。这时，女人便以清新温和的姿态降临，她的柔和温润足以抚平很多争端。

女人的细腻放大到工作里，会让一个计划、一份文案乃至一个项目更加周到细致，大处小处都安心。女人的韧性也在工作中有着不可磨灭的光彩。无数的科学实验也证明，女人的抗压能力比男人强得多，连生子之痛都可忍受的女人，还有什么样的痛苦熬不过来。

女人！女人！我越想越觉得，女人是多么优秀的高级工作动物。但凡具有女性优秀素质的女人，怎能不成为职场女王！

可是很多“聪明”的女孩子，却用这些优点去对付“人”，尤其是公司里的“男人”，而不是她自己的工作，白白浪费了这份上天赐予女人的天赋。

我忽然很迫切地想和丽塔成为好朋友，而且是很好的朋友。我觉得，我需要她那些“优秀素质”来影响我。

与其靠加班挣钱，不如多赚些外快

过去对工作的定义是“糊口”，我认为现在也一样，想过好日子的，就得要加紧时间赚外快。

张筠儿是公认的工作狂。每天最早一个到公司，最晚一个离开。主动加班，拼命工作。我敢打赌她一定是老板最喜欢的那种员工。

几乎拼掉了健康的身体和原先的好肤色，带着黑眼圈的张筠儿终于登上垂涎已久的主管之位。只是稍事修整，张筠儿就继续向更高的职位进发了。

我一直劝她：“美容觉是女人的根本，任何东西都不可动摇。你看看你的皮肤和黑眼圈，多少名贵化妆品都养不回来。”可我转念一想：女人中大概也有一些天性好战的，野心不下于兵戈铁马职场杀伐的男人。

我以为，张筠儿为了将来能以女皇的姿态君临她的工作领域，这番辛劳付出也是必须的。谁知她却跟我说：“等我坐上了部门经理的位子，就可以好好休息了。”

“你不是想要更高的职位吗？”

“当然不是！我觉得女人应该趁着年轻多赚点钱啊。女人一定要有钱！”张筠儿理所当然地回答道。

我吃惊不已。我竟然想错了她！然后我拍拍她的肩：“亲爱的，靠加班升职赚的那是小钱。想多赚钱，你得多跟安妮学学。”

安妮对工作的态度跟张筠儿完全不同。份内的事情，她会认真、负责、高效地完成，准时上下班，如非特别必要，她绝对不会加班。

可当安妮一回到家里，她就会利用一切业余时间赚外快。起先是打理一家网络商店，等到网络商店发展得不错，便租下一个实体店铺，请人帮忙照看着。每到休息的时候，安妮就自己去店里坐镇，她把这当成一种乐趣，还经常跟来店里的顾客聊天。到现在她已经累积了一大批忠实客户，甚至有些还成了她的朋友。

张筠儿听我说完安妮的事情，连连赞叹安妮的能力强，自己比不上，开店哪里是那么容易的事情？

我笑张筠儿，若把加班的时间都用来做安妮做的事情，即便不开店，也比加班费赚得多。张筠儿细细一想，终于点头承认。

工作是永远做不完的。企图靠加班多赚钱的女人，脑袋多少有些不灵活。加班，是做十分收获一分，而另辟财路赚外快，却是做十分收获十分。

没做之前，先别忙着承认自己能力不足。可以试着先从自己的兴趣出发，找擅长的、喜爱的事情来做。一举数得，何乐而不为？

现在生活节奏越来越快、生存压力也越来越大，为了更好地活下去，人人都被迫成了工作狂。可是工作狂，也有不同的做法。

放聪明点，做好老板要求你做的工作，对得起手里的薪水，这是职业道德。至于其他时间和精力，就不要贱价卖给老板了，这是现代人生存的守则。

把“工作”变成一种自觉的习惯

养成一个习惯并不难，坚持上几天最多几十天就可以了。在所有的习惯中，工作习惯对我们来说是非常重要的，我们要有意识培养良好的工作习惯。

法拉工作一年了，都还没有意识到自己已经进入了职业生涯。周一还没从周末狂欢的状态中剥离出来，心中全无半点工作的念头，混混沌沌便度过一天；周二再花一天适应；真正进入工作状态，开始认真做事情也不过两三天，然后便又是一轮周末狂欢……周而复始地混了一年，法拉还未适应这种工作和生活，她总是怀念当学生时无忧无虑的日子。

照法拉这种心态，升职加薪都是遥遥无期的事情。偏她还意识不到自己的错误，成日做着美梦。后来有朋友实在看不过去，教训了法拉一番。法拉还不以为然，心有怨念：大道理谁不会说呀？我就没看出来我和你有什么不同。

后来有一次，法拉向我发牢骚：朋友太不给面子啦，几次三番毫不留情地说她，她现在一见到那位朋友都怕。我哭笑不得道："本来就是你错啊。"法拉瞪大了眼睛反驳："怎么可能？大家都这样啊。"

工作是一种习惯，但是自觉养成的和被迫养成的区别很大。自觉养成的工作习惯，无论对办事效率，还是对人们做事的认真程度、事情完成的完美程度来讲，都是大有好处的；被迫习惯工作，则从心态上开始抵触，就算做起事来也会无精打采，漏洞百出。

自觉地养成工作习惯非常重要。这种习惯包括：

> 可以随时进入工作状态，即便周末狂欢时也不例外；
>
> 可以很快理清工作思路，安排好做事情的顺序；
>
> 结束一天，或者一个阶段工作的时候，能很快安排好第二天或者下一个阶段工作的计划。

还要注意的是：这种习惯从你踏入职场的第一天开始就需要培养了。

在职场女性的生存智慧中，“诚信求实”是很重要的一条。做任何事情，都要从头到尾尽自己最大的努力，在成效上超出上级的期望值，从而与上司建议起良好的信任与互动关系。

你是浑浑噩噩还是条理分明地工作，老板最明白。你可以个性懒散、为人迷糊、没条理、好像很傻很笨，可一旦进入工作状态，良好的工作习惯就会成为你升职加薪的一个重要因素。

就算真的不聪明，也能做个好员工。

工作时可以做大女人，生活中要做小女人

刚说过，有些人个性懒散，做人也迷糊，但如果把握得当，又不得不说这也是个优点。先贤都说：难得糊涂！

女人厉害过了头，人们就会说她是“大女人”“女强人”，就像南希。

一开始，南希留守在家当全职太太。反正老公有本事，她趁着大好年华享受享受也很好。几年过去了，她开始不满足这样的生活了。孩子上幼儿园了，又聪明又懂事；家里的事情也不多，大部分时间里她都很清闲……南希想工作了。

南希大学读的专业是设计，想找家设计公司。当时经济不景气，南希不够年轻，又没有工作经验，结果自然是一连串的打击。南希不服气：没有人聘请我，我就自己开工作室。于是从老公那

里拉来一笔投资，她开始走上了女强人的发展之路。

又是几年历练，南希的工作室愈加壮大，人才济济，在业界也逐渐小有名气。南希从原来的好太太、好妈妈转变成现在的职业女性。

偶尔翻翻相册，南希不禁感慨：工作也是能令女人容颜、气质改变的一大利器呢。过去南希温婉可人，却有些小家子气；再看看现在的照片，明艳动人，高贵大方，南希真是越看越欢欣。

可这件事，貌似只有南希一个人欢喜。老公有一天跟她说不喜欢她现在的样子，太霸气，太不近人情，没有了当年的娇媚和柔情。老公还举例为证：“你看现在囡囡喜欢跟我在一起，多过喜欢跟你。”女儿是最有力的证人呢。

南希低头思索，后来还到工作室暗暗套老员工的话，想知道他们是喜欢现在的她还是过去的她。

没想到，他们是这样想的：她以前虽然经验不足，手腕稚嫩，但是待人亲切，既像是可以谈心的姐妹，又像同舟共济的战友。现在，人前人后，工作里工作外，都显得那么高不可攀，令人望而生畏。

南希不喜欢这种评价。这就像是告诉她，她失去了女人的一部分能力一样。她暗暗思索：该怎么改善呢？

我对她说：“好办啊。你工作的时候该怎样就怎样，工作之外就不妨表现得笨一点，别那么强势。你总要让人家获得一些心理平衡嘛，毕竟在一个团队里，人人都怕你、远离你可不是一件好事。”

南希举一反三，觉得对老公也应如此。既然一不留神做了女强人，那就要找到女强人的平衡点。总结起来，八个字：强势工作，弱势生活。

之后，南希的员工渐渐发现了一些“秘密”：老板的精明全用在工作上了，下班以后就变“笨”了，她没有方向感，不认路，咖啡洒到身上会大惊小怪问人家洗不洗得掉……总之，老板也不再那么可怕了，有时候傻傻的还挺可爱。

看吧，女强人不是那么好做的。男人强了会吸引无数人崇拜，女人强了就容易导致无数人害怕，甚至不服气。所以，女强人要学会在适当的时候装装傻，让大家都感到平衡，才能一路通畅地走下去。

在职场中，美貌也是一种实力

美貌是女人的利器，虽不至于无往而不利，但其杀伤力却是不容小觑的。

有一个女生叫倩倩，我没有见过她本人，但是从姐妹们的谈论中，我知道她是一个大美女，而且是那种可以倾国倾城的美。还听说，只要是倩倩谈的项目，十之八九是可以拿下的。

我立即联想到一个关于美貌与能力的辩证理论。通常人们都会说美丽笨女人。我一直不赞同，人的能力跟容貌是没有半分关系的。那么这种理论是怎样产生的呢？我想，大概就是因为特别美丽的人，容易让别人只关注她的外表，而忽略能力、性格、心理等其他很多重要的方面，从而不能对美貌的人作出正确判断。

倩倩每天上班都打扮得光彩照人。她本来人就美，稍作打扮

与其取悦男人不如取悦自己，
美貌与智慧兼备的女人，注定可以倾倒世人。

简直就是艳光四射。倩倩的美丽也吸引了很多人的眼光，无论是周围的同事还是公司的大小主管。有了这些高度关注，倩倩只要稍作努力，就会获得上司和同事们的连连夸赞和一致好评。有时候，工作就是这样的，你做了多少不重要，重要的是，上司看见了多少，认可了多少。

后来公司内部人事调整，倩倩到了公关部。这更让倩倩的优势得到发挥，如鱼得水。每次跟客户打交道，无论多难缠的客户，见到倩倩的时候，都会客气一些。男人遇见美貌的女人，总要忍不住抖抖绅士风度的。若遇到女客户，那更好办了，多数能力卓越手握实权的女人，对倩倩这种年轻美丽的女人心存天然的蔑视，有时候我甚至会怀疑，“胸大无脑”这个理论，就是从相貌普通的聪明女人那里传出来的。轻敌可是兵家大忌，商场上也不例外。

听多了倩倩的事迹，我想：她在踏人职场的那一刻，就很清楚自己把握着什么样的利器。美貌是天生的优势，这一种竞争力大概是最没有办法后天培养的吧，只能稍作修饰、改善。然而，多数美丽又正直的女人总要想尽办法让别人忽视她的美貌，正视她的能力。多傻啊，明明实力强悍，姿色过人，却非要跟人家说我不用秘密武器，要跟你公平竞争。过人生看过程，做工作重结果，有优势不用就是傻瓜。

有人问倩倩：你如此耀眼闪亮，公司里有没有很多人敌视你？倩倩轻轻笑：应该还好吧。**我知道什么时候该锋芒毕露，什么时候该安安静静地做一只花瓶。**

多聪明的女人，她一定会前途无量！

“没心没肺”，好处多多

通常人们说一个女人没心没肺，其实是说她傻。可是在办公室里，没心没肺的女人通常得到的好处最多。

公司里，几乎所有人都认为方敏蓉神经大条，没心没肺得厉害。她似乎完全不知道别人怎样评价她，或者说她完全不在乎。你夸她，她笑嘻嘻跟你说谢谢；你对她表示不满，她也毫不在意地说“哦”，而后扭头即忘。

当然，她并不难相处，让她帮忙泡杯咖啡、收个信件什么的，她手头没有事儿的话都会欣然去做。她也不常闹脾气，除了工作中比较坚持己见、不易被说服外，其他方面都很好说话。甚至有时候，她做好了一半的事情，因为工作需要被别人接过去，她都浑不在意。她好像从没发觉办公室里的明争暗斗，不跟任何人比，对谁都没有意见，仿佛大家都是好同事、好朋友。

认真地对待你的工作。工作也许不如爱情来的让你心跳，但至少能保证你有饭吃，有房子住，而不确定的爱情给不了这些，所以，请在工作中认真一些。

有时候看她被上司骂得好可怜，大家纷纷跑去安慰她。谁知一转眼她就笑脸迎人，仿佛刚才被骂的不是她。你问她是否一点都不在意了？她却轻松地跟你说，她忘记了。跟同事吵架更是如此，一秒钟之前还吵得如火如荼，一秒钟之后她就会笑咪咪问你要不要吃牛轧糖，令人哭笑不得。

像她这样粗神经的女人还确实少见。时间久了，再也没有人愿意跟方敏蓉计较，无论是工作还是别的。大家都觉得跟她计较没有成就感。她赢了也从不会耀武扬威自命不凡，输了也不见她伤心低落怀恨在心。对她好，她不觉得你在拉拢她，不会帮你多做事；对她不好，她也不觉得你在对付她，照样一团和气，见你就笑。

我听朋友向我聊起方敏蓉的时候，立即觉得好崇拜她。这才是办公室里最顶尖的人才！办公室里正应该这样：无论是被骂了还是被讨厌了，都要在三分钟内患上“失忆症”。对麻烦和困境一律不在意，永远不跟别人计较。计较是嫉妒、防备等负面情绪的表现。经营好自己才是大智慧，万事耿耿于怀是傻瓜行径。不在意别人的眼光。我行我素才能活得轻松自在。

总结出来其实就是那看起来很傻的四个字：没心没肺。很傻却很实用，即便不能让你飞黄腾达，也会保你万事无虞。

乖乖牌才是超级人气王

人人都爱乖乖牌。小时候父母喜欢听话的孩子，上学时老师喜欢听话的学生，毕业工作了老板也喜欢听话的员工。有时候别人对你的要求不会特别高，很多时候，只要听话就好。

可是，听话也要知道怎么听。

妮娜在公司人缘超好，大家都很喜欢她。因为她很乖，无私心。

她办事效率不算高，但也从来没有扯过大家后腿。有事做的时候还算勤快，没事做就跟大家一起聊天。好几个人一起合作时，她也愿意听别人指挥，就算提意见也不会言辞激烈，总是温声细语地说，然后睁大眼睛很专注地看着你，期待你同意她的方法。如果做错了事，她也不会辩白吵闹，而是赶紧想方法补救。

总之，妮娜真的好乖，乖得甚至有点“傻”。

后来，妮娜请了一周病假。那一周里，大家才更加体会到妮娜的好。很多时候人们坚持己见，方案讨论不出来，便没有人去实施，总要拖好久才能做完一件事。想想如果妮娜在这里就好了，别人出的主意她都说“好”，事情也确实能办得很好。

上司骂员工也不鲜见。这天，上司对着跟妮娜一起进公司的一个女孩吼，很生气的样子。女孩子很委屈：明明不是她一个人的问题，大家都有错啊，为什么只骂她一个？她不甘心就辩驳了几句，上司被惹得火冒三丈，差点炒她鱿鱼。这下同事们也不开心了，老板心情不好，这一天总会特别难熬。

于是，大家纷纷一脸哀怨地看着被骂的女孩，然后想：要是妮娜在就好了。

妮娜病好回来，受到同事们的热烈欢迎。妮娜没个性的样子真是越看越顺眼，又好相处又会做事，多好啊。

在一个公司里，能力太强太耀眼的人容易招人烦，就算他们温和有礼平易近人，我们也不喜欢。我们会想：有你在，我什么时候才有机会升职加薪。太笨的毫无工作能力的人也一样令人讨厌，甚至恨不得赶出公司，我们觉得：有你在，老拖后腿，我的事情怎么才能做得好。唯有听话又有些能力的乖乖牌才是人气王。跟他们合作很轻松，不需要多费唇舌，也不会感到嫉妒或者厌恶。

装乖也要装得聪明，一味听话是办不成事的。当意见过多时要整合一下，看看哪些对自己做事比较有利。当出错被骂时，哪怕上司骂错了，先听着，火上浇油地辩驳对谁都没好处。遇到解决不了的事情，不要自作主张，虚心请教别人，也会博得乖乖牌的好印象。

做乖乖牌，其实是一种低调的聪明。

能力大小不重要，野心外露是大忌

有野心的人倘若一开始就把野心表现出来，那么多半什么都实现不了。

黛比是一个很有野心的女人，可是所有人都把她当成什么都不想要的小绵羊。

进公司的时候，她跟面试官说：进入这个行业是我的梦想，我只要置身其中就已经很开心了。她提出的薪金要求也不高。上司非常中意她，认为她人单纯又有干劲，是老板们都喜欢的好员工类型。

工作的时候，她很能吃苦，什么都愿意做，什么都愿意学，也不太在意劳动成果的分配，一副满腔热血扑在理想上的样子，常常令人忍不住夸赞：这样热情有活力的傻女孩多可爱！

黛比跟所有人说：我要的不多，做得开心就好啦。连我也差点被她骗过去。

半年以后黛比升职，开了一个庆祝聚会，姐妹们起哄说："瞧瞧！声称自己什么都不要，只知道埋头苦干的小傻瓜居然那么快就升职了！"

黛比很开心，开始传授独家诀窍："我这样才能给上司、同事安全感嘛。"

"说具体一点！"众姐妹兴致勃勃地问道。

"表现得很想升职，很在乎加薪，同事会有戒心。如果真遇到升职的机会，上司也肯定不会找一个又能干又有野心的人呀。这类人会让同事和上司都没有安全感。"

姐妹们哄闹起来了："好呀，黛比，你装傻装到连我们都骗！我们还真以为你傻到别无他求呢，还总担心你会不会被人欺负。你藏得真深啊！不行，今天一定要灌醉你。"

人有野心，想要的东西很多，不是什么坏事，反而是人发展的推动力。女人有野心或许不可爱，但是一定会变得更好！但是在这个过程中，控制和隐藏野心十分重要！

从某种程度上来讲，这是一个"零和游戏"，一个公司的资源就那么多，你想多占，别人得到的就少，甚至得不到。

简而言之：你的快乐一定是建立在某个人或者某些人的痛苦之上的。

自然，大家都讨厌有人跟自己抢资源。所以，兴致勃勃地表现出想要很多的人，一定不受欢迎。

黛比是聪明人，本身有点梦幻般理想的人就容易博取好感，再加上黛比处处装傻，表现出"我不和你争"的样子，自然受欢迎，大家也自然也乐意多给她事情做。

能多做事，就意味能拥有更多的机会。等时机到了，升职加薪就自然可以实现！

把“好奇心”用在工作上

有谚语说：好奇心杀死猫。但是在工作这件事情上，保持适度的好奇心会有助于你交出一份漂亮的成绩单。

星子是个怪人，她进公司做的是营销，可是她明显对其他部门的工作也保持着旺盛的好奇心，即便学不到每个部门的精华，也要力图把每个部门的基本工作弄清楚。同事们起初不以为然，时间久了，星子这种做法的好处就表现出来了。无论哪个部门缺人手或者特别忙的时候，星子都能帮上忙。做得多，进步快，当然加薪升职也就快。

后来，公司送一批人到国外培训，星子就在名单之中。培训回来，大家精神奕奕，干劲十足，星子也不例外。不同的是，星子不仅仅是利用在国外所学的东西去工作，还在空闲之时搜集当下有用的数据，坚持不懈，她似乎对于学习新知识有着无尽的兴趣和动力。

当然，星子强烈的好奇心有时候又让大家很费解。有同事在她隔壁讲电话，她从不显出“很想知道人家在说什么”的样子，安安分分做自己的事情，显得毫不好奇，不愿探究。上司最近经常找谁谈话，星子也没有兴趣打听。

总之，她对任何私事都没有好奇心，也从不会跟别人聊八卦。星子这样做，有时候会显得跟同事疏远、不合群。但是，星子人缘可不差，很多时候别人对她谈起什么，她只随便说两句，再一脸善意地笑说：“哎呀，我不懂耶。”

我常常戏谑星子这是“表面装傻，内心精明”，星子反驳：“没有啦。我这种好奇心，是最正确的好奇心。”

是的，对太多闲事显露好奇，不仅降低工作效率，还会被人嫌弃，觉得你好烦，不注重别人的隐私。把这些好奇心都用在工作上那就不一样了。所有的工作都是枯燥乏味的，就像跑马拉松。但是马拉松的奔跑一旦产生快感，让人陶醉，自然就可以坚持下去了。

日本有位儿童心理学家曾经对东京的三千名国小学生进行了一项调查，询问他们“学习的理由”，结果是，成绩不理想的孩子绝大多数都是出于外在动机，比如父母的夸赞、奖励，或者老师的批评；而优等生的理由多是“我喜欢学习”、“我对学习好奇心很大”。

内在的力量永远比外在的力量大，而且持续力强。保持工作的好奇心，无疑是职场奋斗一个永远的动机。但是切记，好奇要用对地方。

情绪掌控力比能力更重要

情绪会影响能力的发挥，这一点毋庸置疑。

职场女性最不易避免的一个缺陷就是情绪化，这是女性的生理和心理共同作用带来的一种天然缺陷。女人天生感情丰富，心思敏感。正面的情绪会让她们兴致勃勃，工作卖力；负面的情绪则容易导致她们打不起精神，工作效率不高。

有些傻女孩就想，这是上天赋予她们的，管也管不住。而且情绪这种东西，一旦不能够发泄出来，憋在心里，反而会越来越糟糕。并且她们把“女人”的身份当成任意发泄负面情绪的挡箭牌：

男生会谅解的啦，我是女生嘛！

女孩子有点小脾气才可爱啊！

习惯就好啦，不要那么小气嘛，不要跟女生计较……

职场上早已没有性别之分，如果进入工作状态，还把自己当成拥有“特权”的女人，随便生气、任性，常常出现挫折感、失望、不满，那就傻到不可饶恕了！

小奈是一个聪明的女人，在工作的时候，她流露出的情绪一直是跟同事、跟上司、跟客户都相处愉快。我对她的聪明分外推崇，到处都跟别人说，然而大多数人听到后都惊呼：这怎么可能？她是不是在装傻？

这个问题小奈自己回答说：“很多时候，我也希望像一个小女生一样，抱怨同事不好相处，暴打难缠的客户，甚至把高跟鞋砸到老板的脸上去……对，我也有那样的日子，不管我遭遇什么，我都想要发泄。可是我不能放纵。我知道一旦我发泄我的情绪，没有人会认为我还存在理智，没有人会认同我，他们反而会因为我的情绪妨碍了工作而指责我。

我记得有一段时间，我被调到网络服务部。办公室里全是女性，我们的职责差不多，但是负责的领域不同。我是满怀激情去工作的，但是那一段时间我天天听到她们抱怨：公司做得不够好，客户总说产品没有达到他们的期望值。总之，她们觉得自己不被欣赏，觉得自己没有做错事，却总是背负公司其他部门的错误。

一开始，我觉得这没什么，我做好自己的事情就够了。后来，我发现，她们的负面情绪传染了我，使得我也开始不满、抱怨，我的工作效率骤降，遇到问题也越来越不能冷静……总之我变得糟透了。于是我知道，我不能再跟她们在一起了，我要立即走开，远离她们。”

好好的一次姐妹聚会，变成了小奈讲座会。但是我喜欢这样，喜欢我们在一起讨论一些有意义的东西，而不是纯粹地八卦。我点点头，接着小奈的话说：“控制情绪不是一种假装术，是一种能力，学不会的才是傻瓜。工作的时候，首先你要随时让自己保持心情愉悦，然后不要受别人负面情绪的干扰。但是，要知道不是所有的战役都值得战斗，不是所有的问题都值得抱怨，如果遇到了值得的问题，你必须去抱怨和争论。”

小奈鼓掌，连连点头赞同我。姐妹们取笑我们：“看，平时总说她们傻，现在才明白，这才是真正的聪明人！”

得了“公主病”就不要来工作

小女人总会有点公主病：自恋、娇气、任性。反正，小女人都长了一张求帮助的公主脸，时时刻刻需要被照顾、被宠爱。这就是公主病。

恋爱的时候犯点公主病，容易引起男友的爱怜，工作的时候却严禁犯这种毛病。工作是你与人合作、妥协的地方，不是你可以耍个性的地方。

西方人在很小的时候就教育孩子团队合作的精神。如果你在工作中对别人说："我个性就是如此，我不可能为了工作改变我的性格。而且，我为什么要改变？"那么你简直就是一个没长大的小女孩，不适合来工作，只适合待在家里。这种话可以拿来对父母撒娇，跟男友发嗲，但是绝不适合跟上司、同事说。你以为这家公司里都是没办法跟你配合的傻瓜，但是实际上，你才是所有人眼里不懂事的傻女孩。

莎莉以前就是这种公主病的重症患者，几乎无药可救。工作对她来讲是一种游戏。她家境富裕，从小备受大家宠爱。毕业以后她到爸爸朋友的公司工作，却不听指挥，游手好闲，就算偶尔做些事儿，却错误百出，还常常给公司带来损失。她不仅不能做好自己的工作，还严重影响到公司里其他员工的效率跟情绪。部门经理在请示了老板之后，以一种非常委婉的方式告诉她：你不适合这家公司。

莎莉的表现令部门经理瞠目结舌，她主动跟经理握手说："我本来也不想来这里工作，都是我爸爸安排的。我想做的事情是开一间小酒吧，每天都能认识很多朋友。"在大家复杂的眼神中，莎莉很潇洒地离开了公司。

莎莉真的开了间小酒吧吗？是的，那段时间她很开心，认识新朋友，把夜夜笙歌当成正经事来做。最后，她的酒吧只坚持了三个月就关掉了。

莎莉又开始找工作，但每份工作都做不久。她自以为才能出众，却没有人理解她配合她。说实话，我挺看不起这种富家女，我半嘲讽半劝解地对她说："莎莉，你以为你真的是公主吗？醒醒吧！亲爱的。"

你选择了工作，就只能把任性的举动带回家。在职场中，真正聪明的女人绝不会随便发脾气，她们对自己有清醒的认识，不会武断地认为自己可以做好所有事。她们分轻重、知缓急，知道什么时候该发脾气，什么事情能做好，而什么事情自己不擅长。这样的女人，在任何地方都会如鱼得水。

如果你要说“这件事你不要跟别人说喔”，那你干脆就别说！因为此事一定会传出去的，听者也会跟别人讲，这件事我只跟你说喔！哪天事情传出去了，不要怪别人，因为真正的大嘴巴其实是自己！

公主们切记，不要以为此处不留人自有留人处。每个工作都是需要你去适应它，而不是它来适应你。你若带着公主病，走到哪里、做什么都不合适。而且，你不单单是为自己工作，你要学着把公司的方针和利益当成自己事业的一部分。简而言之，你要能够实现自己的价值。不要以为磨平了个性是傻的，不能在一个团队里学会与人合作才是真的傻。

说“不知道”的时候，心里要装着善意

很多时候，说“不知道”的人，都怀着莫大的善意，也是真正的聪明人。

周小姐的学历很高，智商也很高，但她却有一个习惯，办公室里有人找她了解一些事情的时候，她却总是“一问三不知”。可是周小姐的工作能力明明很出色，做事也细腻周到。时间长了，

大家就都明白了：她并不是什么都不知道，她心里都明白。我的朋友米米跟周小姐一起工作，她很疑惑地来问我：周小姐为什么要装傻？是为了远离是非，还是为了别的原因？

“其实心细的人会发现，我们都喜欢老实人。老实人可靠，不会耍阴谋诡计，跟老实人打交道很放心。周小姐这样做，就是想透过表面显示出她的老实、可靠从而得到别人的信任。你想一想，如果你有事情要别人帮忙，是不是第一个想到周小姐？你虽然明知道周小姐总装傻，可你是不是还是觉得她人很好？”听了我的话，米米直点头。

“当然了，周小姐这种傻也不全然是装出来的，还有一部分是出于大智若愚。这种人，对于小事情向来不会计较，外表显得愚钝，其实内心很敏锐。她越明白，就越知道什么时候该装傻。你要好好跟人家学习。”米米连连点头。

其实说不知道更多的还在于保护自己，如果员工太能干了，上司怀疑起来，日子就难过了。

“不知道”才能使自己免于获得“功高震主”的罪名。人越低调就越不容易被中伤。

米米脑子很灵，又说道：“我想起来了，周小姐虽然总说自己不知道，但经常反问别人你怎么想？我被问到以后，就把自己的想法全都告诉她，说完之后还觉得自己好满足、好被尊重。而且说完以后周小姐还总是夸我呢。她好聪明！”

“是啊。你看，这样你觉得自己被关注、被重视了。而她呢？则有效地发掘了你的想法，甚至是一些资源。即便你现在想明白了，也不会讨厌她，对不对？这就叫做含而不露。”说到这里我想到一个问题："周小姐平时会不会与人结怨，攻击别人呀？"米米连忙道："不会啊，她不太跟人争什么。但是她做事一定会让大家都看明白，记得她的功劳！"

我微笑点头："如果装傻不是为了攻击别人，那她很不错哦！人不奸诈狡猾，不会损害公司和别人的利益，是个可以安心交往的人。"

我心里认为，周小姐实在是一个很出众的职场女性。有些女孩子装傻是真正拥有不争之心，遇到利益分配，她们看得淡，不抢不怨。

当被人问起，就傻傻说不知道或者开句玩笑。她们真的好善良，但是也容易被大家忽视，由此得不到升职加薪的机会。周小姐明显不在此列。其实说"不知道"的时候，精髓就在于"装作不知道"。内心与人为善，自然而然地说"不知道"，其实可以解决很多问题。

唯唯诺诺是真傻

工作中我很喜欢"应诺小姐"，我认为她们傻得可爱。但是"应诺小姐"做得太过了，变成唯唯诺诺的小可怜，就不讨人喜欢了。

我相信很多人都见过"应诺小姐"：她们对于同级同事用命令的语气发出的请求来者不拒；即使已经周末，上司突然打电话，要求她周一之前完成某件工作，她也会连眉头都不皱地一口答应下来；办公室里的清洁阿姨搬不动水桶，同事信件包裹没时间去拿，团队举办活动需要志愿者……她都是首选。

她任劳任怨，不发牢骚也不唠叨，加班不嫌累，多做不叫苦。

就算升职加薪没有她，出国培训不想她，她也都不会抱怨，反而成日笑容可掬、谦和克己。她最大的优点是不怕给自己找麻烦，却从不让同事和上司为她操一点点心。

同事心里冷笑：本来以为她总说“是”是装傻，没想到这样好欺负，却是真傻。

久而久之，“应诺小姐”遇到万事都会条件反射地答“是”，至于她最后要为这一个字付出多少代价、承担多少责任，都要等到她完成这个“是”的时候才能想清楚。而工作的事情，是允许你反悔的吗？当然不能！接着“应诺小姐”要拼命压抑内心的烦躁、苦闷、焦虑等一切汹涌澎湃的负面情绪，然后以淡然又温存的笑容面对别人，使得别人以为她真的不怕麻烦，而且没有要求！于是一句话就此诞生：“吃亏是福”！好一个“福气”，坚强地证明了她回答“是”不是因为傻气。

我遇到好多这种女人，所以我才统称她们“应诺小姐”。从心理学的角度来讲，这些女人自尊感低下，所以她们才会通过不假思索地答“是”来取悦别人，从而获得别人的认同。但是，这不代表她们真的愚蠢，她们答完“是”显然是会意识到错误的，只不过她们根本没有勇气反悔，没有勇气纠正自己造成的错误，最后变成唯唯诺诺、忍气吞声的模样，成为所有人眼中的傻瓜。

我想起一个小事例。有个朋友在总公司高层来视察工作时负责全程陪同。当视察工作结束，这位高层对她十分满意，在本地老板面前对她大加夸赞，说她英文好、能力强，然后不经意地问了一句：“你一定在海外留过学吧？”这位可怜的“应诺小姐”朋友反射性地回答了“是”，可是她却是本地出产的**MBA**，她直属上司的脸色立即变得很难看。“应诺小姐”心里连连叫苦：“我根本没有想过要编谎话啊！”

可见，唯唯诺诺是一个非常傻的习惯，大家要有则改之、无则加勉啦！

即使想哭，也不要让别人看见

很多女孩子都有类似经历，在公司里被上司骂哭过。我感兴趣的是：有多少女孩子当着上司的面哭，又有多少女孩子背着人偷偷哭。为此，我发邮件给朋友们做了个小小的调查。

结果跟我预料的差不多：曾经在上司面前哭得稀里哗啦的女生如今多半还是小职员；而背着所有人躲在暗处一个人偷偷哭泣的女生，如今多半已升职加薪。在办公室里，大家凭能力做事，眼泪毫无意义。

前几日跟苏兰的聊天促使我做这个小调查。苏兰说当年进公司没多久她便犯了错，其实不是大不了的错误，但是被骂得好惨，那个上司说话要多难听有多难听，骂得她差点辞职不做。

她心中腹诽：做错事被骂是她活该，她也愿意认错，可是老板有必要对她穷追猛打吗？她是女孩子啊！那次经历让她觉得面子里子全部丢光，在谁面前都抬不起头。

被骂的时候眼泪一直在眼眶里打转，不过她硬憋着没哭。上司刚让她回自己办公室，她就立即躲进洗手间，狠狠哭了一场。

从那天以后，她就养成了一个习惯：一旦工作不顺心，不管

独立，永远。不管是感情、事业还是金钱。

是被上司骂了还是被同事欺负了，想哭的时候就躲进洗手间，一边哭一边自我反省。哭完了，再回去把事情做好。

我不由得插了一句，“曹雪芹说女人是水做的骨肉，可是你看，女人进了职场，连哭都不能哭了，分明变成钢筋混凝土做的骨肉。”

苏兰笑了，摇头道：“不是不能哭，是不能让别人看见。办公室里大家只相信你做出的成绩，可是没人相信你的眼泪。”

有时候再伤心，也不能哭给同事或上司看。即便所有人都知道你哭了，也不能表现出一副受了天大委屈的样子，要笑，要装作“这件事我已忘记”，装作“没关系！我不在乎的，你们放心”。

他们一定觉得我……我不去他们一定会……大家一定都在背后说我……人常常不小心把自己想得太重要，殊不知，大家只希望把自己的人生过好，别人的事，聊聊就算，所以真的不太需要在乎别人的想法，就像你也不是真的很在乎别人的生活！

坐在办公室里，别让大家以为你总是难过，别让大家觉得你记得每次伤心。你越装傻，大家越不会对你怎样，还会积极地安慰你帮助你；你记得越清楚，大家就会越防备你。

不是有句话说“君子报仇，十年不晚”吗？谁都怕你成为那种“君子”。

我不是教你狡诈如狐、心机深沉、深藏不露，我只是要说，你没必要让所有人都看到你性格里软弱的一面。

每个人都有软弱的时候，每个人都会同情弱者，但是办公室不是你博同情的地方，你若要别人同情你，便是叫别人开始怀疑你的能力。

就如我前面所说的：进了职场，你便是钢筋混凝土做的骨肉，你要让自己不被软弱打倒。 在工作这件事上，向来是胜者为王的。

你的眼泪哭不倒长城，只会哭掉你的面子、别人对你工作能力的认识，以及老板对你的信心。

真委屈还是假委屈，取决于“傻”的层次

在工作上受点委屈已经司空见惯了，若有人说他在公司里从来没有受过委屈，那才是怪事。不过这委屈也有真假之分。

有一次楚心怡负责一个大的展览会，这大概是他们公司那个年度最重要的一个展览会。楚心怡殚精竭虑、精益求精，她还指望着这次展览会的成功给她带来不菲的年终奖金呢！

在楚心怡整个团队的努力下，展览会从布置到安排，一切井井有条。客户当天进场之后表示分外满意。然而有时候，计划赶不上变化，意外还是出现了。在极为重要的课件展示这个环节中，突然屏幕黑掉了。原因很快查出来：是公司里某个员工在场内随意走动，绊到了投影机的插座，才造成展示被迫中断。问题很快就解决了，但是这个不愉快的插曲致使整个展览会的效果下降了三成。展览会结束后，楚心怡被上司叫去办公室臭骂一顿。她心里委屈极了：“那个插座又不是我拔掉的，我怎么知道有人乱走绊倒，还连累插座掉下来？”

上司听见楚心怡顶嘴，怒极攻心，大吼道：“你不会把所有员工都集合起来不让他们乱走？你不会把插座用胶带固定住吗？总之，你本来可以有一千种方法来避免这种事情发生！”

楚心怡觉得上司太无理取闹了。她阴沉着脸色从上司办公室走出来。回家以后，楚心怡连晚饭都没有吃，想了一个晚上，终于想明白她该怎么做了。

从那以后，楚心怡负责的每一场展览会，插座都是用胶带固定住的。同事们抱怨每次贴胶带、撕胶带是一件很无聊的事，甚至有一个同事向上司诉苦。上司找楚心怡说话，楚心怡装傻惊诧道："这是您教我的啊。上次我让您骂醒了，觉得您说得好有道理，是我的错，所以，我按照您说的办法实行，保证以后再也不犯类似的错误。"上司顿时无话可说，还觉得楚心怡这女孩挺有意思，很不错。两年后老板提拔楚心怡，给她升了一级。她来到老板办公室里诚恳地问："我想知道，我这两年努力工作，只能够获得升一级的奖励吗？如果您认为我的工作能力只适合做这个职位，那我实在没有脸面在公司待下去。"最后，楚心怡连升两级，薪水三连跳。

我想很多人和楚心怡一样，在实际的工作中，总会遇到各种委屈。很少有人是通过把主管干掉，才坐到主管的位子上去的。工作就是这样一回事，你要努力完成上司交代的每一项工作，承受上司的每一次怒火，不管它是因为意外还是因为你失误。你一定要有勇气和信心承受每一项工作和指责带来的委屈，哪怕你认为那是无理取闹。只有你装作不在意压力和委屈地坚决执行了，你所谓的"委屈"才有价值。其实，这都是一些假委屈，装装傻，再加上一点点的执行力，就可以完美地跨过去。

但是有一些真委屈，却不能装傻、独自吞下。就像楚心怡，她的工作和她最后获得的回报严重不成比例的时候，她没有沉默咽下，而是委婉地跟老板提出要求。“傻”有“傻”的层次，面对真委屈和假委屈可是大不相同的哦。

不管多强悍，你仍然是女人

有时候女人在职场上，要心安理得地表现得像个女人，而不是做男人婆状。女人要学会利用自己的女性资本，从而取得对自己有利的局面，获得理想的结果。

姚雪莉在一家商务公司工作，曾经负责一个大项目。连着好几个月，姚雪莉跟一个客户密切合作。她的客户管理团队是一群中年男性，她是这群人里唯一的女性，也是这群人跟她的公司之间唯一的联络人。

在将近半年的时间里，姚雪莉往返于两个城市，每天忙碌十二个小时以上。她的工作很多很繁杂，她要对申请高级职位的人进行面试，还要安排众多工作的交付期限。

忙碌是有价值的，她同她所负责的团队成员，还有多数高层管理人员建立了良好的关系。这段时间，公司突飞猛进地发展，董事们一直觉得，照这个情势发展下去，公司很快就能够上市了。

一天，某位董事对姚雪莉说：“你不知道有你在办公室里让人多么开心。”姚雪莉非常高兴，她以为这位董事在夸奖她的工作态度，并且对她的业绩给予肯定。谁知根本不是这样，那位董事接着说，“你是办公室里最赏心悦目的一朵花。”

姚雪莉的心顿时沉入谷底，她拿着知名大学的硕士学位、不菲的薪水，以及漂亮的履历，结果人家只当她是一朵赏心悦目的花而已！

姚雪莉没有当场发作，她装作十分高兴的样子，露出一个花瓶般的“傻笑”，谢谢这位董事的赞美。然后转身离开，继续做她的工作。她想：早晚有一天，我会来“报仇”的。

这一天没有让姚雪莉等太久。一个月后，这位董事要求姚雪莉参加一个重要的销售会议，负责向客户展示公司的产品。姚雪莉笑容满面、语气柔和地婉言拒绝。

这位董事立即表现出十分忧虑的样子。姚雪莉知道，这个任务不是任何一朵“赏心悦目的花”可以完成的。

当这位董事再三请求的时候，姚雪莉说：“你确定非我不可吗？我不过是一朵赏心悦目的花！”这位董事立即明白了姚雪莉在意什么，连连夸赞姚雪莉的能力、智慧、经验，即便没有说“对不起”，大概也就是道歉的意思了。

尽管现代社会给女性发挥才能、获得地位的机会，但是总有一些不公平。

人们常常以容貌和性别这些方面来看待女人。那些在职场上仍然占主导地位的男性，他们的想法和欲望也在一定程度上促使了这种思想的形成。

性吸引是人类最原始的吸引，男人和女人在一起工作，性别差异、社会观念直接影响了他们对问题的看待方式和交流方式，最后不可避免地会出现超出工作意义上的关系。

我们知道，男人讲黄色笑话，女人卖弄风情，几乎是无法禁止的事情。

职场不可能刨除性别因素，即便你尽可能避开它，不去谈论也不去想。无论如何，想办法做好自己的工作，发挥自己的才智才是重要的。

我在前面小节提到过，美貌是一种利器，但是不要本末倒置，在职场真正制胜的还是能力和智慧。

拿自己该拿的钱，让别人说去吧

发生在女人身上最可怕的事情就是没有钱！

我承认我对钱异常执着，这大概和我小时候看到的一些事情有关。母亲有个朋友已经结婚二十年了，丈夫突然跟她离了婚。她一直当全职太太，离婚后根本没有工作能力，只能靠丈夫分的一点钱辛苦度日，每天都在为生计发愁。还有一个父母的朋友，丈夫去世了，她只能靠着自己教书的那点微薄薪水养活两个孩子。我亲眼看着他们一家的生活水平直线下降。

钱太重要了！

所以，每次有朋友毕业了要去找工作问我有什么建议时，我都会劝他们去最赚钱的行业。然而她们大多都不听我的，她们都是有梦想的女孩，她们工作不是为了赚钱，而是为了兴趣。所以，她们有的人去了时尚杂志，有的人做了新闻记者，有的人做了教师，还有的拿家里的钱自己开了工作室。

而我，只有看到银行卡上的数字跳跃式发展时，才会有安全感和满足感。

很多时候，女人总是对金钱羞于启齿，不论内心怎样想，表面上还是要装一装视金钱如粪土的“傻样”，大概是害怕被别人说见钱眼开。

好吧，如果你对钱真的不那么执着，那么这副“傻样”我也是喜欢的。但如果你不是，你甚至装得也不像，常常从行为里露馅，那么就不要装出一副对金钱嗤之以鼻的样子了。

你装傻的一个前提是，你装出来的样子和你的本性没有太过悖离。否则，装傻就成了一个笑话。

我从不掩饰我对金钱的热爱，金钱和镁光灯都是会让我晕眩并且热血沸腾的东西。

有时候我甚至表现得更为夸张，夸张一点也是好方式，尤其是在公司里。这样你要求加薪的时候起码老板不会太意外，他会说：我早就猜到了，你就是这样的人。

说到加薪，我知道很多女人有这种通病：她们不能正视自己的价值，因而总是觉得自己要求太多了。不，恰恰相反，女人要求太少了。你把薪水看成你所需要的，而不是你自己值得的。这就是最大的症结所在。

我没有办法计算出每个人的时间、才能、技术等可以换成多少钱，但是我可以告诉你：很有可能，你的老板付给你的钱远远不够。

我告诉你一个大略的估算方法：首先你要全面调查和你同一职位的人群普遍拿多少钱；然后你再比对一下自己的所得，不管多少，先别急着抱怨或者庆幸；第三，你把你自己做出来的成绩整理成书面文字；最后，你可以要求加薪了。即使你没有得到想要的薪水，但起码你开始让老板思考，你值得更多。

心态是个神奇的东西。
你总想着幸福，就会幸福；
总想着不幸，就会不幸。

最后我要说到，我最讨厌一群不知道是“真傻”还是“装傻”的傻瓜。我常常遇到一些演说家、作者、插画师、艺术爱好者、设计师等给人家免费做工，不计报酬。

我知道他们有自己的“价值”准则，他们要成就感、满足感，他们有表达欲和强大的自尊心。他们觉得这些足够补偿他们的劳动了。

我要说，心理回报和专业劳动的价值之间绝不能划等号。人的劳动一定要有价码，你不是义工，不是在做慈善。

培养“严肃的爱好”，让工作变成开心的事

工作是最重要的事情，它给你钱，让你生活，占用你大部分时间，让你活得不那么空虚。但是，生活中如果只有工作这一件事，我想每个人也都会崩溃的。所以，培养一个严肃的业余爱好就显得非常重要了。

岑悦是知名的文编，经她的魔手写出来的文案，每次都会令人惊叹，吸引顾客的目光，有些甚至会成为社会流行语。自然，由她负责文案的产品宣传也必然会大获成功，产品销量也非常好。

岑悦刚刚崭露头角的时候，很多同行甚至前辈都不以为然。他们一致的观点是，创意是有限的，一个人再风光也就这几年，最后终将落入俗套。然而岑悦却令众人跌破眼镜，她牢牢霸占住“文案女王”的宝座近十年。她的文案创作似乎从未有过瓶颈，总是保持着高质量。

这是为什么？

岑悦在接受访谈的时候说："这十年来，我坚持每天看一部电影，每个月要去旅行一次，不论远近。起初因为这是我的兴趣爱好，没有办法割舍；然而后来我发现，这个爱好让我把工作变成了一件快乐的事情。然后我观察身边的人，那些有严肃的兴趣爱好、特别会玩、看起来成天傻乐的女孩子，居然都是工作非常出色的。"

我是岑悦的粉丝，同样作为文字工作者，我对她撰写文案的功力十分佩服。看过这期访谈，我有种找到知己的感觉。

是的，培养一个严肃的业余爱好，不仅会把人从枯燥乏味的工作里解救出来，还能促进工作本身。

人的思维不是一条直线，它是一张网。你把它编织得越大，你所得的就越多，当然，这要在你能力控制范围内。

岑悦每天看电影、每个月去旅行是满足自己的爱好，给忙碌的心灵一个休憩的时间，也注入新鲜的能量。而且文案这种创意的工作，也正需要这种能量。

出门前，记得照一照镜子，检查一下着装是否协调。如果时间太紧，建议睡觉前就选好第二天穿的衣服。找专人做色彩搭配建议。不要整天灰头灰脸，让自己灿烂点，别浪费青春和娇美身材。

当工作和爱好一拍即合，爆发出来的正能量是无穷无尽的。

当工作变成快乐的事，人会表现得非常精神，头脑也会比往常更活跃，注意力也会更集中，这样工作效率就提高了。

这种女孩虽然看起来总是一副"傻气快乐"的样子，其实她非常聪明，懂得劳逸结合，善于发掘工作和生活的潜能。

必须明确的一点是，这种促进工作的业余爱好必须是“严肃”的。类似泡夜店、闲聊、逛街这些，通通不能算作严肃的业余爱好，至多只不过是一种休闲娱乐方式而已。

何为“严肃”的业余爱好？它一定是建立在某种专业基础之上的，能够获取一定知识，或者掌握某种技能的。

所以，从今天开始，选取一个严肃的业余爱好，一起来做个聪明的“傻气又快乐”的女孩吧！

跳槽就像找老公

找工作就像选老公。凭着介绍人的推荐，看看对方档案，觉得双方条件基本合适了，就登记结婚；即便条件不合适，也可交个朋友，给彼此留下个美好的回忆。

不同点在于，找老公是想过一辈子的，找工作可不一定非要做一辈子。跳槽是难免的。很多时候你没办法干掉主管，坐到他的位置；但通过跳槽，大部分人的职位、薪水会节节攀高。

为自己设计一个最少两年内需要达成的目标。有目标的人生不会太无聊。

这点不同不妨碍将二者进行模拟，跳槽与挑老公的程序和感觉基本上是一致的。跳槽是因为不合适。即便刚开始觉得合适，但是随着你自身的发展和公司的发展速度不匹配，日渐不合适愤而跳槽，没什么不对。当然这种速度的不匹配，必然是你的发展高于公司，否则就是你被公司淘汰，而不是自主跳槽了。

我认识好多女孩在一家公司待久了，感情深厚，工作习惯和节奏都跟这家公司息息相关，所以明明升职无望、加薪渺茫，仍然顾虑着此间的同事人情等因素，不愿跳槽。这种激烈的矛盾积压在心里，难免心生怨念：做了那么多，仍然得不到应有的回报。然而你听完她们唠叨，想要劝说她们跳槽，她们又借口多多：

> “老板人很好啊，很温和，不会随便骂人，对我也很关照，离开有点不忍心。”
>
> “同事之间相处久了，好不容易磨合成现在这样，换一家公司，又要重新经营人际关系，好复杂、好麻烦啊。”
>
> “不要啦，现在到处都不景气，说不定别的地方还没有这边好。”
>
> “我习惯在这里做啦，换个地方我怕我会不适应。”

总之，她们一边抱怨位卑职低赚钱少，一边又没有勇气跳槽。就好像跟老公实在没办法相处，又因为习惯等原因暗自忍耐。关键是，老公还有可能为你做点改变，公司可不会。不跳槽，就等着枯死在这家公司吧。

说到底，赖住一家公司死都不肯跳槽的女人，不是因为没勇气，就是因为没自信。

跳槽是要担风险的，人人都害怕跳槽以后反而更不如意。傻女孩，没听过一个词叫做“骑驴找马”吗？女孩子不要太死心眼，男友都可以找备胎，为什么工作不可以！在工作这回事上，当你决定换一个环境，那么三心二意绝不是什么可耻的事情。等真正看上了某家公司，再跟自己的“现任”回首说再见，风险就会大大降低了。

没自信的女孩分两种：

一种是有能力无自信。这种女孩子根本没有认清自己的价值，只知道埋头苦干，勤奋得像头牛，即便腹诽薪水不平衡，也不敢随便提要求。审视一下自己，抬头挺胸买几件精明干练风格的套装，做个妩媚又端庄的发型，看着这样“能干”的形象，想想以自己的能力若不会自惭形秽，那么别再傻了，大胆相信自己，跳槽追求更好的待遇去吧。

另外一种女孩是无能力无自信。这就令人无话可说了，能力是自信的根本。当然，如果你是绝世花瓶，你一定自信满载，不在此列考虑。无能力就不要想着跳槽了，有份工作可以糊口就要谢天谢地了。没办法，人傻，不努力，不争气，老天爷也没办法救。

幸福的小傻招

- 你可以个性懒散，为人迷糊，没条理，好像很傻很笨，可一旦进入工作状态，良好的工作习惯就会成为你升职加薪的一个重要因素。
- 女强人要学会适当的时候装装傻，让大家都感到平衡，才能一路通畅地走下去。
- 装乖也要装得聪明，一味听话是办不成事的。
- 在职场中真正聪明的女人绝不会随便发脾气，她们对自己也有清醒的认识，不会武断地认为自己可以做好所有事。
- 当工作和爱好一拍即合，爆发出来的正能量是无穷无尽的。

第4章

社交女王的装傻心经

无论你多有本事，你这一生得罪的人一定比你交好的人多。

她学识丰富，见多识广，热情开朗，为何在朋友圈里总是不受欢迎？

不小心得罪了领导，她是如何巧化干戈，最终得到领导的尊重与信任的？

社交场合像是一个表演舞台，谁演得最好谁就是社交女王。聪明的女人不仅知识渊博、富有内涵，更懂得说一半藏一半，用愉悦的话题满足别人的虚荣心。

攀龙附凤是人之常情，装清高已经行不通了

人生难免遭遇坎坷，很多时候如果有贵人相助，往往会产生事半功倍的效果。所以攀龙附凤已不再能成为触犯道德底线的理由，大家都别装清高，我们只是想要活得更好。

薇安从小就是一个优秀的女孩子，学生时代她是班里的佼佼者，工作以后也是公司里业绩数一数二的员工，但升职加薪却一直没她的份。好不容易等原来的主管跳槽走了，位子却又让一个新来的人占了。

有一次在餐厅和同事闲聊，有人说现在的主管是老板的侄女，只是来这里镀镀金很快就会调到总公司去的。薇安意识到，自己还是有机会的。只是，该如何抓住这个机会呢？

薇安的妈妈是一家园艺会馆的长期会员。有一次，会馆举办活动，邀请会员和他们的家人一起参加。薇安正好闲着，也拗不过妈妈的强烈劝说，就跟着一起去了。等薇安和妈妈赶到的时候，

会馆里来了很多人，活动已经开始了。

薇安看有位女士的身边聚集了很多人，便情不自禁地走过去，想知道他们在谈论什么。原来那位女士在展示她园艺作品的照片，薇安只看了几眼，就发现确实非常精巧，周围的赞叹声也是此起彼伏。

妈妈小声对薇安说，这位女士是整个园艺会馆最有身份的贵妇人。她住的别墅有花园、游泳池，她本人也非常有才华，园艺和摄影技术都是一流的，大家都很羡慕她。

一个人去看电影。买爆米花和可乐抱在怀里边看边享用，或者笑翻天，或者泪流满面。如果你喜欢体育，去看足球，哭死也没人管你，但是很轻松和畅快。

听妈妈这样一说，薇安打量了这位女士一会儿，竟觉得有些眼熟。“我一定见过她！”薇安想，“可在哪里呢？她是谁呢？”忽然灵光一闪，薇安想到了：是在去年的公司年终聚会上，她是老板的太太！薇安立即把这位女士的身份告诉了妈妈，妈妈反应很快：“那你若跟她联系上，以后升职加薪不是都很容易了吗？”

薇安有些不好意思：“算啦，我们跟她又没有交情，她凭什么帮我？再说，用这种方法上位，被同事知道了好丢脸！”

薇安的妈妈不以为然：“你就嘴硬吧，我不相信你心里一点想法也没有，在妈妈面前还装什么清高。没交情就去套交情啊……你不用管了，看我的。”薇安有些忐忑：她心里也认为老板的太太是她升职加薪的一条快捷方式，可又怕这样做以后被同事知道了会瞧不起她。

姜还是老的辣，没多久，妈妈就跟老板太太成了无话不说的好友。某天，妈妈假装不经意知道了她的身份，然后又故作惊讶道："哎呀！我女儿在你先生的公司上班呢。"之后她就开始猛夸自己的女儿多么精明能干、聪明乖巧。

从此以后，薇安在这家公司的前途一帆风顺，称呼老板太太为"阿姨"，还差点认了干妈。公司里根本没有人瞧不起她，大家只会羡慕嫉妒恨，却又无可奈何。

发现贵人，不要想太多，赶紧去认识，去交往。他们位高权重，真心想帮助你的话，绝不会对你提出过分的要求

也不要担心会被别人瞧不起，这早已不属于道德的范畴，做出一副瞧不起你样子的人，不过是吃不到葡萄说葡萄酸罢了。

满足别人的虚荣心是你的义务

满足别人的虚荣心，就能很容易博得别人的好感。这是显而易见的，因为你想要让大家喜欢你，就得让人觉得快乐。

贝拉就是个特别让人愉快的人。我随朋友参加过几次主题聚会，贝拉大概是圈中名人，几乎每次都能见到她。听她跟众人聊天，是一种享受。当然，我想，跟她聊天的人也会感觉很享受。

"哇！你的钻戒好大，闪得我眼花。很贵吧？你先生好疼你！"贝拉惊呼。当然也有人不喜欢贝拉，小默就是其中一个，她在我耳边轻声鄙夷道："你看，贝拉又在大惊小怪。谁不知道岚岚姐嫁得好，老公有钱又会疼人！"

我微笑不语。小默还不明白，即便是众所周知的好事，当事

人也绝不介意被别人无数次提及。贝拉这招看似很傻很鲁莽的明知故问，一定在岚岚心里留下了不可磨灭的印象。

细心些会发现，明知故问是贝拉常用的装傻招数。之所以这一招能够屡屡得逞，并且为贝拉带来好人缘，归功于贝拉会问。

有些人也喜欢明知故问，就拿我身边这位保养得很好的女士来说吧，她上下打量着另一位女士："我今年快四十了，冒昧地问一下您的年龄？"那位女士的脸色顿时难看起来，而问话的这位女士则一脸得意地走开了。我敢打赌这位女士也不过得意片刻，她终生不得意之处一定很多。

明知故问，满足别人的虚荣心，可以博来好感，可若用这招来满足自己的虚荣心，则是一件愚蠢至极的事，分明是要做全世界女性的公敌。

贝拉大呼小叫的声音又传了过来："好羡慕哦！"小默不屑地看着贝拉，低声道："丢脸死了！"

我知道小默爱面子，即便心里充满了对人家的羡慕嫉妒恨也绝不宣之于口，生怕自己没面子。比起来，贝拉就像个没见过世面的率性小女孩，羡慕了就说羡慕，两眼发光，一脸崇拜地看着对方。可是不知道多少人爱贝拉这股"傻气"。

直截了当地表达推崇、赞美、羡慕等情绪，或者装出一副崇拜、赞叹的样子，也是满足别人虚荣心的诀窍。碍于面子什么都不表达，看起来一副高深莫测的样子，对于旁人也只不过是匆匆过客，不会给人留下什么印象，更别提博得好感了。

当然，无论是明知故问，还是顶礼膜拜，这些"傻招"都要有个限度。表现得太过，显得做作，反而不讨人喜爱。

愉悦的话题才能带来愉悦的关系

如果一个话题不能带来愉悦欢快的气氛，你的反应是什么？大概是索然无味地倾听，或者逃避吧。既然如此，何不找一些愉悦的话题来谈论呢？尤其在你跟别人第一次见面的时候，快乐的开头是建立良好关系的关键。

我跟露露认识的时候，一见面就被她清纯活泼的形象征服了。朋友介绍完我们，露露就扬起一个大大的笑脸跟我说你好。那时，我感觉这个阴天的网球场里射进了一道阳光。朋友们下场去玩，我和露露坐在一边休息。露露没急着打听我的职业、家庭背景，倒是简单介绍了一下自己的情况，然后就开始聊起自己的兴趣，以及刚开始学打网球的糗事。

那时候正当经济危机，到处都不景气，朋友之间聊天总是相互抱怨当下的世道。露露却对此只字不提，仿佛她毫不受影响。不得不说，我这段日子以来，最高兴认识的朋友就是她了。她特别能够把握聊天的节奏，既不唐突，又随性率真。

后来，露露有事请我帮忙，我一般都不会拒绝。在那种愉悦的气氛里，对露露来说很重要又不好办、对我来说却很容易的事情，我都乐意出手相助。道理很简单，你让我快乐，我就会做让你快乐的事情来回报。听起来似乎有些功利，却与真心绝不冲突。

这段愉悦的友谊，从一开始，露露就做得非常好。她第一次出现在我面前时，形象自然活泼，又有亲和力。她介绍起她的工作和家庭时，俏皮可爱，说到兴趣爱好、品味都神采奕奕，那种快乐的情绪非常有感染力。在当时不景气的社会环境里，她偏偏避开了类似话题，她说的所有事情都让人身心愉悦。她不谈政治，只谈生活小事，而且不说空话，言之有物。我一下子就喜欢上了她。

露露真的对经济、政治不感兴趣吗？当然不！她是在跟我装傻，我知道。事实上，我们都在装傻，好像自己对现在的经济环境、政治状况等沉重的话题不感兴趣。怎么可能？我们认识了，又花心思交流，就是希望能够帮助彼此打开一扇窗，让有些事情变得简单容易些，让有些钱更好赚，以后的路也更好走。

当时，既然我们没有坐在谈判桌上，而是网球场里，也就是说未来的一切还只是模糊的。我们的首要任务是给彼此留下好印象并建立交情，当然不能聊那些沉重的话题，使得大家心情受影响；有争议的话题更是提都不能提，以免引发冲突。对于初次见面的我们来讲，最重要的是能轻松自如地交谈。

这里有一条前提：我们都不是腹中空空的草包女人，即便我们开玩笑、说俏皮话，也透露了我们的内涵和气质。我们友情的基础，还是真正的内涵和优雅的举止。

仰慕他，就努力去追随他

有一种仰慕，于精神之中产生，无声地改造人的思想。被仰慕者，我们通常称之为偶像。我这里所说的是活生生的、现实里的你能见到的人，并非明星或话题人物。

水水特别仰慕一个作者，她的文字精悍犀利，很多想法和创意也让水水大赞有才华。当时，这位作者还未出名。那时，水水

不求回报地仰慕一个人，即使对方毫无知觉，
自己内心也是幸福的。

就好像走火入魔一样，想尽各种办法结识这位作者。她先是混入那个作者常常出现的网络社群，后来又想方设法加入她所在的聊天室。

有一次在聊天时，碰上作者冒出来说了几句话，水水激动得不能自己，赶忙凑上去搭话，最后终于跟她的偶像互相加了**MSN**。那时候水水读大一，除了忙自己的学业以外，就是忙着给各大报刊杂志投稿，发表一些文章，以求毕业后能找到工作。忙碌之外，水水最享受的，就是跟她的偶像在网络上聊天。哪怕是八卦，只要是跟她一起聊，水水都是满心欢喜的。

后来，但凡这个作者在社群做任何活动，水水都大力支持，还经常在各大论坛给她还有她的作品写评论，为她吸引了大批读者。水水俨然成为这个作者的忠实追随者。

不管和谁有了矛盾和别扭，解决的时间不要超过24小时。否则麻烦会更多。在可以接受的范围内，先道歉。让自己做做坏人不是件真的坏事。

当然，水水也在同她的交往中，学到了很多东西，比如：古典文化的学习方式，有哪些好书推荐，或者是写作笔法的运用等。等到水水大四，这个作者也终于在文坛上杀出一条血路，出版了自己的作品，并且一夜走红。水水兴奋地约她出来庆祝，四年的网络情谊让她们一见如故，疯到半夜才回家。

水水毕业了要找工作，一心想做编辑，可是在面试上却屡战屡败。后来一次面试，水水提及自己跟那位正当红的文字小天后之间的友谊，面试官当下就录取了水水。水水第一份出色的业绩便是签下了她偶像的一本新作。仰慕这种感情很微妙，融合了喜爱、敬慕和钦佩。倘若现实生活中有某个人令你仰慕，我希望你会像水水那样，千方百计地结识他、追随他，跟他发展出一段深厚的亦师亦友的情谊。

这几年，无数人说水水傻，跟这样空有才华没有名气的人交往，得不到任何好处，白白浪费自己那么多时间。水水很执拗，不听劝，一路“傻”到底。最后，她反而收获多多，满载而归。不仅文笔渐好，人脉也越来越宽广。一个让你仰慕的人，必然在某方面造诣颇深，才华、技艺，或是人格魅力。这些突出的质量，即便不能为你带来最实际的利益，你追随日久，不管是潜移默化还是刻意为之，学到十之六七，对自身已经是莫大的提高了。能坚定不移地追随自己仰慕的人，看似很傻，实际上是真正的大智慧。

把矛盾扼杀在萌芽中

与人相处，没有误会、矛盾是不可能的。闹矛盾不可怕，可怕的是总让矛盾变成“隔夜仇”。

草草跟嘉琳从学生时代开始，关系就一直很好。毕业以后，两人进了同一家公司，从小职员做起。一年以后，嘉琳成为了草草的上司。

有一次，公司举办海峡两岸交流活动，要组织一些人到内地访问。草草以为凭借自己跟嘉琳的关系，她的名字一定会在参访名单之上的。于是那段日子里，草草每日春风满面，同事们都看出草草心情好，纷纷开她玩笑，问她是不是在拍拖。

等到名单公布时，草草大失所望：名单上没有她。怎么会这样？草草怨恨地看了嘉琳一眼，然后扭头走开。后来，草草在等电梯时、在茶水间、走道上遇见嘉琳，都径自从嘉琳身边走过去，不跟嘉琳说话。眼角余光瞥见嘉琳欲言又止的样子，草草恨恨地想：就算你跟我道歉，我也不会原谅你！

草草跟嘉琳冷战了两个月，除了必要的工作汇报，她根本不与嘉琳讲话，周末也不跟嘉琳约出去玩。待到两个月后，公司又发布了一条消息，这次要聚集一些员工去欧洲访问。全公司上下沸腾了，大家都很期待能够拥有这个机会。草草内心也十分忐忑。果然，这次的名单上依然没有她。

她纠结好久，然后泡了一杯咖啡跑到嘉琳的办公室，看着嘉琳讷讷道："嘉琳，我……"

嘉琳抬头看了草草一眼，面无表情道："谢谢你的咖啡，没有事的话，回去工作吧。"

草草不死心："嘉琳，上次……"

嘉琳叹了一口气，缓缓地说："这两次参访人员不能重复，我本来是想把这次的机会留给你，可是你根本不听我说话。这段时间，你表现得太明显了，有人说你不够稳重，所以这次也……算了，你再努力吧。"

草草羞愧得想找个地缝钻进去。

这次误会完全是由于草草的性格造成的：太骄傲，太武断，任凭猜测就给别人定罪，定了罪还采取极端的冷战，完全不跟别人沟通。

但凡人跟人相处，一定会有误会、矛盾。误会、矛盾一旦产生，必须用最快的速度解决，因为我们谁都不知道，在我们搁置不理或者进行冷战的过程当中，事情会发生什么变化。先让一步又何妨？总比造成无可挽回的伤害或损失要好。

草草跟嘉琳还能不能和好如初？很难说。但我保证，如果草草以后还这样傻下去，她的人际关系一定不会太好。如果她能汲取教训，以后再遇到问题时，学会处理：或者可以凭借好朋友的关系直接了当地问，或者就装傻，东拉西扯地旁敲侧击，这样才会在人际关系网里如鱼得水。

别当无聊的“万事通”

跟什么都懂的女人在一起真没意思。

他刚说：“啊，有一家餐厅的牛排超级好吃，我们去试试吧？”

她就接道：“我知道那一家，他们家的厨师是从英国特聘来的哦，做出来的东西味道当然一流！”

我想即便他们去享受了一顿美餐，那位男士也一定索然无味。

他们说：“这次旅行去意大利怎么样？威尼斯是我们向往已久的城市。”

她马上又打断：“没错。威尼斯我去过，让我印象最深刻的是威尼斯的小店，有长得像奶酪的香皂，像甜点的润肤油……你们知道吗？威尼斯还是个面具之城，在很多小店里有卖各种各样的面具，非常美丽！还有还有，我在那里吃过最好吃的墨鱼面！”

她讲得眉飞色舞，听众们却不太高兴。可想而知了，这次旅行没她份，没有人愿意跟她一起去。还有一次，朋友们商量要去日本滑雪。许多女生兴奋地笑着说："我都不会滑雪呢，好开心！"

她又来了："我会的我会的。小回转大回转都没问题，我还曾经在U型池上跟专业选手较量过哦。"

我相信，从此，再也没人喜欢她。跟她在一起太没意思了，她什么都知道，显得他们都是没品味没知识的笨蛋。她什么都经历过，好像他们是没见过世面的人。

倘若你是这样的女人：知识渊博，品味高雅，出身不凡，事业小有成就，不缺钱不缺时间，也不缺人爱，那你最好时刻注意一下自己的言行，不要流露出万事通的优越感，哪怕是亲身经历也要先藏在心里。不然谁愿意跟你相处？若是我遇见一个人，我不知道的她都知道，我知道的她也都知道，我真想掉头走开，从此不要与她交往。因为，跟她在一起实在没有惊喜也没有趣味，不仅如此，还要忍受因为她而产生的低人一等的感觉。

据说，后来这位万事通小姐开了窍，再有人说："我们去某个餐厅试一下，听说那边的奶酪蛋糕很棒。"

她的话变成了："真的吗？我没吃过，真想尝尝。你介绍的餐厅一定很棒！"

她的新朋友们提议："我们去巴黎度假怎么样？"

她会说："啊，我在书里看到过，巴黎是座神奇美丽的城市，真想去看一看。"

她学会了装傻，即便她去过全城的餐厅，她满世界跑，几乎哪里都去过。她学会了在别人面前说不知道，学会隐藏内心的骄傲去夸赞别人。她开始被很多人喜欢。

女人一定要知识渊博，富有内涵。但是在人前，你最好不要表现得什么都知道，说一半藏一半，才能成为最受欢迎的社交女王。

没有表演天分，那就用真心表现

社交场合就是一个表演舞台，谁演得最好谁就是社交女王。可那些没有表演天分的人该如何在社交场上取得良好的互动呢？没关系，没天分装，那就拿出真心来面对吧。

小依不是那种很精明的女孩，反应稍稍有些迟钝，神经又很大条，她的同事、朋友提起她就一副头疼的样子，叹口气说："这女孩该聪明的时候不聪明，该装傻的时候反而聪明得不得了，实在一言难尽。"

小依发现，她接到的聚会邀请越来越少，有些人对她越来越冷淡。小依很委屈，一想起来就掉眼泪。她知道自己不聪明，但是她心地好啊，为什么大家都不喜欢她？

后来，小依跟人相处愈是小心翼翼，不多话不多事，把自己变成隐形人。可是这种方法更加没有用，现在大家更少邀请她了，因为大家常常忘记她。

"怎么办怎么办？紧急求救啊！"小依在**MSN**发来急救信号。我看了哈哈大笑。

其实我觉得小依很可爱啊，不会装不会演，任何反应都很真，又不会记恨别人。可惜她这样子反而让社交舞台上的演员无所适从，大家都在演，独她不会，岂不是来捣乱的？后来她不捣乱了，变成了一个活道具，谁还想得起她来？

我想了想跟小依说："宝贝，干脆就不要装，也不要听别人跟你讲的那些乱七八糟的社交技巧，你就真心对大家好了。但是记得要让人家看得见，不要做了好事儿不留名。"

小依听了我的建议。一次部门联谊，大家去唱歌，她发现别的部门有一个同事感冒很严重。可是那个女孩玩心重，不顾身体一定要跟过来玩，只见她不停擦鼻涕、咳嗽。

小依看不过去，请服务生帮忙买了感冒药，从那女孩手里抢过她在喝的啤酒，递过去白开水和药片。女孩感动极了，回到公司常跟人说小依有多好。装傻演戏固然能够带来好人缘，但若天生没有这种本事，以诚待人就尤为重要了，没有人可以拒绝别人的真心。

就像这样，一点点小关心、一点点小赞美、一点点小帮助、一点点小恩惠……汇集起来让别人看到的都是你的真心。可是需要注意的是：真心待人是有主见、有前提的，掏心掏肺掏力气还掏钱的傻事，不是至亲至交就不要做，免得真被人家当傻瓜，卖了你还希望你帮忙数钱。

小依发现，做好人会带来好人缘，但也会招来麻烦，会有人来借钱，会有人要求她帮忙做事。小依跑来跟我抱怨，我笑了："你既然要真心待人，当然要真心到底，对人好是真心，拒绝人当然也要真心。"小依茅塞顿开，笑眯眯地回去处理她那些烦恼。

不会装的女孩，做好人一样能博得好人缘，可是这不代表我们要被人欺负。

留意自己的“社交新鲜度”

物有新鲜度，人亦有。新鲜度高，人脉自然越来越宽广；新鲜度低，人脉就会越缩越小哦。

所谓新鲜度，也就是你在众人面前的“出现率”。你若常常与人联系、见面，新鲜度自然极高，也极容易将你自己蔓延进别人的交际圈。你若疏于跟人联系，不问候不交谈不见面，久而久之，你连现有的交际圈都淡出了，更不用说在别人的交际圈占有一席之地了。

新鲜度平日可以有意识地保持，但是女人一生会面临几次难以避免的交际危机，人人心里都要敲警钟，越是在这种时候越要小心，绝对不可以放松。

这个世界，真正潇洒的人不多，故作潇洒的人多。有人认为，那种一掷千金的派头就很潇洒，这是对潇洒的误解和嘲弄，这种派头，除了证明这钱八成不是他自己挣来的外，并不能再说明什么。

首先就是谈恋爱时期。女人爱起来往往专注得不得了，“见色忘友”是常态。这个男人简直令人神魂颠倒，恨不得化身为他的钥匙圈，时时刻刻拴在他的身上，放在他的兜里，躲在他的包里，反正就是不想离开他。

于是，姐妹们聚会那天，他提议看电影，她点头答应，随手给姐妹发短信说不去。公司联谊那天，他说我们去海边露营吧，她连连说好，跟同事报备一声就去过自己的两人世界。亲戚学成归国，家里大排宴席，却因为男友几句话缺席……

别说现在的女人没那么傻，女人爱起来就会变傻。从此，她在男友身边的新鲜度超标，在自己社交圈内的新鲜度不及格。恋爱有没有结果暂且不说，只说当某天女人回归自己的朋友圈，开始感觉游离于这个圈子之外、再无归属感，会不会后悔当初把众人通通抛弃？

其次就是新婚期。这大概是女人一生中感觉最幸福的时刻，嫁得良人，尘埃落定，内心充满对美好生活的向往，恨不得窝在自己的家里宅一辈子。

这时候最喜欢做的事情大概就是给家里添置些家居用品，或者给老公打理衣物……总之，中心思想只有一个字：家。外界的东西一概忽略，最好与世隔绝。

最后大概就是怀孕生子期。这段日子哪里有时间搞社交？养胎待产就是头等大事。好不容易苦熬十月，又要开始照顾小孩，所有的时间都是小孩的，没一分钟属于自己。若无重大事情发生，不管亲朋有什么活动，能缺席就缺席，新鲜度直接破产。

面对这些社交危机期，怎么办？

这看起来似乎都是不可抗力，根本无法解决。不跟男友腻在一起我怎样恋爱？新婚就到处应酬老公会怎么想？怀孕生子是人生大事，难道不要生小孩？

当然不是。恋爱要谈，老公的感受要顾及，至于生小孩更是天经地义的事，谁说这些跟社交就冲突了？把男朋友拉进自己的圈子里，既不会降低自己的新鲜度，反而还为圈子里带来新鲜的人，两全其美。

新婚里有些应酬也许不能带老公，那就去多多谈论一下自己的新婚生活，让一个人的快乐感染一群人，何乐而不为？怀孕生子期间，可以把怀孕时发生的事情，宝宝出世以后的照片等，写成一篇篇有意思的小周记，发给大家看……这样的信息刺激下，即便不见面，谁又能忘记你？

新鲜度，既含出现率，又含讯息量。如果你不能把握自己的出现率，起码要维持自己的讯息量，时刻不忘“刺激”一下自己的社交圈，以保持自己的地位。

懂得这些的女人才是聪明的社交达人。

得罪人后的聪明补救术

无论你多有本事，你这一生得罪的人一定比你交好的人多。

心蕊进公司的时候想：我又不要做事业女强人，我从小胸无大志，给我份工作养活自己就好了嘛，所以我最轻松了，谁都不用怕，轻松自在。她的个性本就大大咧咧、心直口快，又不好强，打定不讨好任何人、不抱上司大腿、不拍老板马屁的主意，感觉自己的职场生涯一定会一帆风顺。

刚开始，也确实如心蕊所料，她活泼开朗，又什么都不争，很讨人喜欢，大家对她都很客气，还会教她一些东西，或者帮忙她一些小事情。

后来不知道为什么，她的上司分配工作时，常常把最难最累的事情丢给她，害她总是被迫加班。要么就有一些莫名其妙的黑锅扣到她头上，让她怨声载道。心蕊有几次忍不住跟上司吵起来：

“明明不是我的错，为什么我要担责任？你不觉得这样做太过分了吗？”

“这不是我的工作，凭什么丢给我？”

“你根本是故意针对我！”

“我自己手头的工作已经做不完了！”

心蕊口无遮拦，把心里的怨念、不满一股脑砸过去。从上司办公室出来，她感觉心里痛快了一些，却又担心自己会不会被炒鱿鱼。现在到处不景气，找份好工作不容易呢，她虽然不打算做出多大成就，但也不希望丢掉工作。

心蕊没有被炒，只不过往后的日子更难过了，仿佛部门所有人都在给她制造障碍。心蕊最后忍无可忍，愤愤地想：大不了换工作啊，怕什么！

我知道一些心蕊的近况，听到她换工作的宣言，实在恨铁不成钢：“你换一份工作也会变成这样！傻瓜，你都不动动脑筋想一想吗？你分明是得罪人了嘛。可能是你得罪的那个人跟你上司进了谗言，也可能你直接得罪了上司。你看这种个性，说话做事不动脑，鲁莽得要死，连做错事、说错话、得罪了谁都不知道！”

女人不管有无野心，踏进职场就踏进了名利场，各种利益盘根错节，谁都别想置身事外。所以头等大事就是要保护自己，须知言多必失，做多必错。

心蕊对谁都没防备心，唧唧喳喳什么都跟人聊，不知道哪句话就给自己树了一个敌人。还有一点，是非心人人有，是非话不可以有，整个公司上下，你可以夸任何人好，千万不能说一个人不好。另外，很关键的一点，绝对不要得罪上司。心蕊居然跑去跟上司吵架，即便原来她没有错，也变成了她的错。在职场，招上司记恨就是找死。

可是木已成舟、人已得罪，怎么办？其实一开始心蕊最该做的，是继续傻呵呵承受那些委屈，好像不知道有人针对自己一样，然后暗中观察，自己到底得罪了谁。

查出结果以后，再接近那人时心里警惕一些，表现得更“傻”一点。时间久了，人家气也出了，也自以为了解了你就是个糊涂虫，个性如此，没什么心机。长此以往，谁会老跟“傻瓜”过不去？

当然，事后补救只是一个应急措施，关键还是在于事前预防。希望心蕊汲取教训，也希望大家不要学她。

如果真的不聪明，就千万别自作聪明

“明明什么都不懂，可是谈什么话题她都要插进几句，说得眉飞色舞，口沫横飞，好似我们没有一个人有她知道得多。”

“当时我们谁也没答话，全场鸦雀无声，她居然冒出头来讲话，还嫌场面不够混乱吗？她以为她是万金油，一出马就能解决问题、避免尴尬了？”

“上次活动我们去挑礼服，就听她什么款式、颜色、品牌如数家珍地说。拜托，谁要她教啊！我们自己不会挑吗？”

“哈！你不知道那次多好笑，她自己出丑犯错误，涨红着一张脸却死不承认，那样子要多难看有多难看，我们几个看着觉得好痛快！”

我一听就知道，凡凡所说的，恐怕又是个自作聪明的女人。这世上，聪明人害怕别人说她聪明，不聪明又自以为很聪明的则生怕别人怀疑她的聪明。

你看那做事谨小慎微、待人谦和有礼、进退有度的，都是聪明人。只有自作聪明的才喜欢到处显示自己比别人行、比别人有本事，好为人师，做错事抵死不认。

自信的女人最美丽。这句话不仅包含了男人对自信女人的欣赏和赞美，在同性之间表现自信的魅力也会让自己更受欢迎。自信可以让并不美丽的面孔变得光彩照人。你可以想办法精心养护自己以延缓衰老，但真正的魅力，源于内心对自己的认同。

女人在社交圈里，无论自认是聪明还是不聪明，都别表现出一种“谁也及不上我”的聪明样来。你也许不知道，很多人就讨厌“聪明人”。你太“聪明”了，显得我又傻又笨，不负责任，又反应迟钝，还让我总是吃亏、退让，这样我怎会喜欢你?！

古人早说过“大智若愚”。聪明人不争朝夕长短，不怕出糗丢脸，不护短，愿意负责。他们一生谦虚，不停学习，却不显露，除非遇到志同道合之人，否则绝不多话。谈话时点到即止，节奏恰到好处，令人心生好感。

善解人意如女作家三毛就说：“我最喜欢别人将我看成傻瓜，

这样与人相处起来就方便多了。”倘若你不是这种聪明人，宁愿三缄其口，也别自作聪明，惹人反感。

当然，若连自己是在“自作聪明”都不知道，看不透人，也看不透事，做人做事必须“高人一等”，心思九曲十八弯，又不能低调，那真是傻到没药医。

这种女人毫无办法，注定要被她那点小聪明迷了心窍、误了一生。

初次见面还是温婉一点好

女人初次跟人见面，表现成什么样最容易博得人家的好感？要我说，最保险的表现，当然是温婉和顺。

我们平时和知交好友见面，会很开心、很放松，本性是什么样，也表现出什么样。但跟素不相识的陌生人见面，总会感觉到一些局促和紧张。我们不了解那个人，不知道他心里的想法，我们和他也没有一点默契，不能配合他的反应对自己的行为和说话做出适当的调整。

总而言之，和陌生人见面，是一件费心费神费力气的事情，我们无法吐露真言，与对方推心置腹。这时作为女性，在原有性格的基础上，要尽量表现得温婉和顺一点，减弱自己的“危险度”，以便让对方放松下来，渐渐制造出良好的谈话气氛。

宁宁说，她按照我这个观点去认识新朋友，但似乎效果不佳，初次见面好像没有给对方留下什么深刻的印象。我让宁宁把当时的场景再演一遍给我看，宁宁照做了。看过后，我也就知道问题的症结在哪里了：她根本不懂得温婉这个词的含义。

什么是温婉？正统的解释是温和柔顺。扩展开来理解，我的意思是，第一次跟人见面，要表现出温和有礼、谦让得体，令人如沐春风，尽量顺着别人的意思讲话，却不是毫无原则地应和。没错，你不能表现得太聪明，即便你真的比人家聪明，那样显得你太锋利，太咄咄逼人，让人无法呼吸。但你也不可表现得毫无主见，随波逐流，你这样淡而无味，让人怎么有兴趣跟你继续交往？

宁宁听完我说的，大叫我要求高，直呼自己就是个普通人，做不来这种知性淑女。

我叹气说："目标订高一点，才有利于发展嘛。至于你，只要把你那假小子的本性收一收，温和一点，多听听别人说话，适时提出一些观点，或者疑问，让气氛融洽起来，就好啦。"

是的，我希望大家初次见面都露出温婉淑女的样子来，但这绝不是要求女人掩盖掉本性，装成另一个人。温婉的表现只是为了遮掩你的弱点，而不能代替你真实的性格。不然在以后交往中，你本性毕露，改头换面，还不将人给吓跑了？再有，我也不希望大家小心翼翼，诚惶诚恐。陌生人有什么可怕？不喜欢你又如何？这世上有喜欢你的人，自然有不喜欢你的人，要保持平常心嘛，不是所有人都会喜欢你。

宁宁后来恍然大悟，那是在一次非常愉快的"陌生人之旅"后。她兴奋地打电话跟我说："你叫我温婉一点，其实根本就是叫我收敛个性，不要耍小聪明，显得很好骗那样嘛。"我一愣，点点头：

“差不多吧。”我其实想说，无论你怎么说，都不要显露出攻击性，如此而已。

看似不求回报的付出最动人

付出都有成本计算的，亏本买卖不能做。但是，道德圣人又说了“滴水之恩涌泉相报”，又有人跳出来说做人做事要“不求回报”。

社会可怕，人心险恶，不求回报做白工是半点好处没有的事情。除非是心情极好、生活极如意的人，不然谁会做？别急着反驳我，问问你的心，我敢肯定这是人们不会宣之于口的心声。

那么矛盾显现出来了：我不希望我的付出毫无价值，收不到回报；可是我又希望别人对我带有一些真心，对我好不求我回报。好难办哦！其实没有那么难啦。想想男生追女生怎么追？“不求回报”对你好啊，带你吃好吃的，玩好玩的，你爱看戏他就有戏票，你盯了好久的限量版他突然送给你，你心情不好他就来给你讲笑话。

你装傻问：“你为什么对我那么好？”他说：“没有为什么啊，就是想对你好。”你心里何尝不明白，他想要你做他女朋友。当你被他的“不求回报”腐蚀软化，他的目的就达到了。

与人交往也是这样。我们互相都清楚我们为什么要维持一段关系：或者我要与你做生意，或者我有些事需要你帮忙，或者我们真正志同道合。没关系，因为什么不重要，重要的是，大家心里雪亮，都互相明白对方对自己的意义。即便对方真不明白，那么暗示几次便好了。他若继续装傻，那么你可以迅速掉头去认识别人。双方意向明确，礼尚往来，年深日久，看似不求回报的付出通通都会有回报。至于盈亏，那就是个人经营的问题了。

许欣如刚调到那所大学没多久，就发现一个问题：那位系主任似乎与她不对盘，常常跟她过不去，还到处说她坏话，败坏她名声。许欣如不动声色，听到了也似没听到，对系主任总是笑脸相迎，逢年过节都要送礼，平时也是好处不断给。系主任刚开始理更直气更壮："她为什么送我礼？因为我说的都没错！没错的事情我当然要继续说。"有人跟许欣如交好，劝她不要再对系主任示好了，一点用处也没有。许欣如笑眯眯地摆手："没关系没关系，本来也没期待他有什么回报嘛。"人们谈起来，总说许欣如傻气。

许欣如坚持了一年多，系主任的态度明显软化；两年下来，系主任开始住嘴了；三五年之后，系主任说："许欣如这个人还是不错的。"

许欣如真的不求回报吗？当然不是，她求的就是那个印象转变，求的就是口碑！这一场仗打下来，你说，到底谁聪明，谁输谁赢？你要记住，你所有的付出都要装在"不求回报"的外衣下，不论盈亏，回报总是会有的。

用阿Q精神平复人际交往的伤口

跟人交往就没有不受伤的。人际关系如此复杂，社交活动如此繁密，女人又往往心思细腻敏感，受伤那是常有的事。

我常常听很多女性朋友抱怨说：

“我对他们都挺好的，他们为什么要那么对我？”

“这件事怎么可以瞒着我呢？”

“我又没有骂他，我只是提出我的意见，他怎么这样？”

也许这些埋怨和疑问说明的问题不同，但毫无疑问的一点是，我的女性朋友们在日常的人际交往里都会受伤。被误解、被欺骗、被不公平对待，总之她们会遇到委屈、伤心、痛苦、挣扎等一些由别人带来的负面情绪。

怎么办呢？我的办法是：学会阿Q的精神胜利法。每当受伤害，就告诉自己：

“没关系没关系，失去我是他们的损失。”

“有什么好难过的？不告诉我就算了，我也不想知道。”

“这么小气，我大人大量不跟你计较。”

先别急着说我的办法蠢，当你真正试过，并且把这种阿Q精神融入生活，你就知道它确实是摆脱烦恼的不二法门。

凡事都有两面，我听过这样一则寓言：主人因为坛子有了裂缝便抛弃了它，坛子很伤心，因为这条裂缝，它的一生就这样结束了，以后再也没有什么希望。

但是孩子们发现了它，用它来打水仗，他们不在意那条裂缝，也不在意它漏水。

坛子对珍惜它的孩子充满感恩。有一天，原主人抱着一个崭新的坛子从它身边路过，新坛子对它冷嘲热讽，说它是个废物。

坛子又忍不住伤心，它旁边的花儿却出言安慰它："你不是废物，我们都是喝你流出来的水长大的。"坛子抬头看见周围开满了花儿，它又快乐起来。

学会承受痛苦。有些话，适合烂在心里，有些痛苦，适合无声无息地忘记。当经历过，你成长了，自己知道就好。很多改变，不需要你自己说，别人会看得到。

坛子的过去和现在，无论它是完好的还是有裂缝的，都有它的用处，都做出过贡献。人亦然。只不过人在被伤害的情况下，根本没办法理智地分析每件事、每个人。

阿Q精神的好处就在于：它固然很傻，但是能够迅速平复被伤害的感觉。当冷静和理智重新回到你身上，你自然就可以很好地处理问题了。

遇到真正的傻瓜，千万别跟他计较

很多时候女人装傻，是因为她有一颗玲珑通透的心，看得透人情世故、冷暖世情，不好介入或难言真假，只好装糊涂。但若遇到真正的傻瓜，就别跟他装了，直接无视他。

优优是珠宝设计师，那天应邀参加朋友办的宝石展。一进门，优雅的古典音乐袅袅传来。大厅里，太太小姐们或站或坐，身上戴着名贵的珠宝玉石，可谓满堂珠光宝气，煞是富贵逼人。

优优拿了一杯饮料，找了个位子安静地坐着。她今天是从设计工作室赶过来的，没来得及回家换衣服，一副邻家女孩的打扮与此环境格格不入。而优优平时做多了珠宝首饰设计，最爱的是看别人戴首饰，自己反而不爱佩戴什么，全身上下一件首饰也没有。

有个年轻女孩过来跟优优搭话。优优看到她颈上的翡翠项链是自己的设计作品，万分开心，便同这女孩聊天。女孩子看了一眼优优的一身素装，就开始唧唧喳喳地炫耀起来："我本来不中意这条项链的呢，你看没有多绿……"

优优听了一会儿就开始不耐烦，这是哪里跑来的暴发户小姐？根本什么都不懂，还在这里大放厥词。行家都知道看翡翠"首德而次符"，德是质地，符是色泽。

相比通透的质地，颜色反而是次要的。而翡翠中的绿也是有讲究的，人说"宁买一点，不买一线，宁买一线，不买一面"。

优优生气地跟那女孩争辩。辩到最后，那女孩理屈词穷，开始胡搅蛮缠，说优优身上一件首饰都没有，不知是从哪里来的骗子，也不知怎么混进来的，扬言要赶优优出去。

后来，主人家出来调解。优优知道，当时若直接走掉就太不给朋友面子了，只好憋着一肚子气到展会结束才离去。

晚上在 **MSN** 上遇见优优，听完她当天的遭遇，我幸灾乐祸道："你跟傻瓜计较什么？"

优优发过来一个愤怒的表情说："我讨厌不懂装懂又胡搅蛮缠的人！"

"跟傻瓜争辩，会让人分不清你们谁才是傻瓜！"

过了一会儿，优优大笑：“我今天生了一场毫无价值的气！”

有些事情，对错界限很模糊，各人观点不同，争辩起来是种乐趣。但有一些事，有人非要把错的说成对的，不懂装懂地瞎辩，你就不要耽误时间或费精神陪她傻了，让她一个人玩吧。

大要求不要提，小要求要多提

不管是多熟悉的人、多好的关系，你提出一个很大的要求，对方都会犹豫。这时候你一定要明白，他犹豫的不是答不答应你，而是该如何拒绝你。

小茹个性相当独立，万事不求人，不管花费多少心力，也要努力自己解决问题。小语正好相反，个性很依赖，常常把“拜托啦”挂在嘴边，一点小事也要人家帮忙。小茹看不上小语的娇气不做事，小语看不上小茹的骄傲。在公司里，如非必要，这两人是绝不讲话的。

小茹办公用的计算机十分老旧，速度慢、内存小，经常影响工作效率，甚至造成损失。她征集了大家的意见，写了一份报告给老板，希望更换一批新计算机。这个报告很快被驳回，理由是支出过于庞大，经费不足。

过了半年，小语提出相同的要求，却被通过了。公司里一片欢腾，大家吵着要去狂欢。小茹越想越难过：为什么同一个要求，她提出来就被驳回，小语提出来就通过了呢？

我给小茹的解答是：因为小语已经跨过了门坎，所以她的成功率高。

心理学里有个词叫“登门坎效应”。美国心理学家弗里德曼和他的助手曾做过一项实验：他先让两位大学生访问郊区的一些家庭主妇。其中一位请这些主妇在窗户上贴一个“安全驾驶”的小标签，或者让她们在安全驾驶的请愿书上签个名。

这个要求很小，对主妇们来说是举手之劳，因此大家都答应了。两周以后，另一个大学生再次访问主妇们，包括上次被访问的那些主妇和一些新的主妇，要求她们在院子里竖一个呼吁安全驾驶的招牌，维持两周的时间。

第一次答应大学生请求的人中有**55%**接受了这个请求，而新加入的那些主妇中只有**17%**接受此请求。

我们知道，突然向别人提出一个较大的要求，一般人都很难接受。可是，如果把这个大要求分成几个小要求，逐步提出，最终就会令人比较容易接受那个大要求了。

因为人们都不希望自己慷慨、正面的形象被破坏，不想做“喜怒无常”的人，答应了你一个小要求之后，你再来寻求帮助，便很难拒绝。

小茹万事都自己解决，从不求人，好不容易提一次要求就是个大问题，老板当然容易回绝她。小语不一样，常常拿一些小事去“烦”老板，层层递进，当她提出一个大要求时，老板答应的机率就比较高了。

小语后来跟小茹说：“大家都知道我人傻嘛，总拜托别人帮忙。虽说都是举手之劳的小事，不影响我的工作能力，但是我这种傻的形象算是确立下来了，所以大家对我的容忍度就会高啊。”

小茹泄气地想：这难道就是人们常说的“傻人有傻福”？

明白了吗？如果平时没提过小要求，那么大要求也要绝口不提。只有平时提多了小要求，大要求才可以不妨一试。

别让“姐妹帮”成为一种坏习惯

有一种可怕的文化叫“姐妹文化”，有一种可怕的组织叫“姐妹帮”。这种文化里没有任何内涵，这种组织里无次序、无目的。你可以把你身边的人以任何名目组织在一起，唯独“姐妹帮”，这是一群傻女孩的组织。

我想每个女孩子上学的时候都有这种体验：下课铃一响，老师走出教室，学生们立即喧闹起来。女孩子三五结伴手拉手走出教室，一边说笑一边走向走廊尽头的洗手间。排队时，她们站成一团，说着说不完的知心话。一个从洗手间出来了，就到外面等，一定要等人到齐了，她们再手拉手走回教室。

我从小就是在这种环境里长大的。只是高中时，有一天傍晚，我一个人坐在操场的篮球架下面，打球的男生已经散了。看着他们大汗淋漓的背影，看着学生们三三两两走出校门，而这里只有我一个人。我不用看着谁，也没人看着我。我不用说话，也什么都不想说。我忽然觉得心里很轻松，仿佛从什么束缚里解脱了出来。

从此以后，我爱上了这种一个人的时刻。我常常在放课以后独自坐在篮球架下，想一些怎么也想不通的问题，或者什么都不想。这种一个人的时光让我开始怀疑我的友谊。

如果说我跟我的姐妹有那么深厚的友谊，为什么从某个时刻开始，我会想要避开她们？那也许并不是友谊，只不过是年深日久养成的某种习惯。这种习惯很可怕，一旦形成便会下意识地干扰很多决定。比如我买一本书，选一件衣服，恋爱选择男友，乃至于我该不该跟这个男人分手，或者结婚，应该买多大的房子，买在哪里，应该选择什么样的工作……诸如此类，我会情不自禁地去依赖“姐妹”。

美其名曰是参考她们的意见，实际上我会被她们的意见左右，会变得没有主见，失去自己的审美、考虑、立场。我甚至可以想象这最终带来的灾难性后果：我将不能成为人格健全的人。这毫不夸张。

仔细观察，我们会发现：男性朋友聚在一起，一定是带有某种目的，或者有一个中心，但是女性通常没有。她们没有次序，没有目标，也没有中心内涵，她们求的只是“在一起”，除了消耗时间，没有任何意义。

我偶然一次听朋友谈起，我以前“在一起”的那些“姐妹”说，每次聚会我不参加，好像很忙的样子，根本是把她们全忘掉了。其实事情并不是如此，我珍视和她们的友谊，也一直保持联系和关怀，只是很多时候我只是觉得跟她们坐在一起八卦一个下午毫无意义。

“姐妹帮”是一团看似充满凝聚力的散沙，什么都孕育不出来。它用最温柔可人的面目消磨女人的思想、意志、进取心、耐力、危机感等，即便“姐妹帮”里的女人再美丽出众、气质高雅，社交能力再强，终究也是一事无成，充其量是一只漂亮的贵妇犬而已。

尽量做个优雅的女子，千万别做作。
因为做作的女人，不仅男人讨厌，女人更讨厌。

从“宅”“腐”的二次元空间走出来

现在有很多女孩子又宅又腐，社交圈也越缩越小，嫁不出去的、交不到朋友的比比皆是，只能继续“宅”“腐”地生活在二次元空间。短期看，似乎生活得很充实很快活；可从长远来看，太“宅”太“腐”绝对会制约女性的成长与发展。

丝丝从小内向，不喜欢跟陌生人接触。后来掉进腐的世界里一发不可收拾，宅在家里看动漫、看小说、玩游戏是她最满意的生活方式。她身边的朋友，全是一群志同道合的腐女、宅妹。等到丝丝大学毕业，不得不出来工作。可她几乎不参与公司同事之间的活动，不管是下班后，还是周末，她永远都宅在家里不出门。

男人要想俘获女人的心，一定不能穿得比她差。女人要想捕获女人的心，至少不能穿得比她好！

丝丝没有感觉到任何不妥，她的妈妈却十分着急。女儿长到这么大，一次恋爱没谈过，脑袋里全是不切实际的东西，眼看就要跨进剩女的行列，怎么办？逼她去相亲，可是接连几次失败快让丝丝的妈妈绝望了。

丝丝跟我抱怨：“嫁不出去怎么了？我根本不想嫁，现在不就是剩者为王的时代？我剩，我自豪。再说了，我这是正当的兴趣爱好，他们哪只眼睛看出我心理有问题。”

我说：“如果你的社交圈再大一点，不只是这么一群腐女，他们就不会这样担心了。”

我敢肯定，像丝丝这样的一群女孩子，都是很单纯可爱的。她们的爱好也许和长辈们的观念有冲突，但她们绝对正常，甚至很有思想。只是因为长年宅在家里，不交朋友，也不谈恋爱，才让长辈们担忧，尤其是她们的终身大事。

女孩子年轻的时候，不要说“不想嫁”这种话，尤其在你没有多少恋爱经历、没有接触过男人的时候。婚姻生活当然不是人人必要的选择，然而结婚还是单身，都必须是一个理智的选择，而不是凭借臆想或单纯的意气所能决定的。

女孩子可以选择不嫁人，但是要去恋爱。可以有自己的兴趣爱好，但是不能不愿意去了解兴趣以外的事物。丝丝的妈妈为什么担心她嫁不出去？因为她没有选择，她的交际圈小，最可怕的是她根本没有扩大的欲望。当她的交际圈宽广了，选择多了，她依然可以单身，她的妈妈会担心但不会恐慌。交际圈大意味着懂得的东西也多，交际圈的基础便是“说得上话”。这不仅仅代表着你跟别人的关系，同时也表明，起码你懂得那个人的工作范围和内容，以及他平时所关注的东西。还有一点，接触的人多了，身上单纯好骗的“傻气”也会被净化，变得更成熟、更有魅力。

“宅”“腐”的女孩子们，一定要把自己从二次元空间拉出来。女人的青春本就没有多少年，关在屋里不给人看，岂不是浪费？

聚会时千万别抢了主角的风头

每一个故事都有主角，每一场聚会都有焦点。我明白人人都想做 **No.1**，但是遇到不适合出头的场合，就千万不要抢戏。

胡小湖跟白小花是一起长大的知心好友，两人约定，无论是谁先结婚，另外一人一定要当伴娘。白小花工作两年后接受男友求婚，爱情终于修成正果。胡小湖按照约定穿上了伴娘礼服，陪伴在白小花的身边，走过她人生中最幸福的一刻。

胡小湖实在太漂亮了，相比之下，今天的新娘白小花，就算化了最精致的妆容，穿上了最美的婚纱，仍然比身着鹅黄礼服的胡小湖逊色太多。

而在喜宴上，胡小湖也表现得有些过火。她太活泼了，挨桌敬酒、笑闹、聊天、交朋友，玩得不亦乐乎，几乎抢光了新娘所有的风头。

最后闹洞房，胡小湖讲话俏皮、动作夸张，气氛渐渐热烈，最后沸腾起来。反倒新郎新娘彻底成了陪衬，婚礼成了胡小湖的个人表演舞台。

白小花婚后，胡小湖觉得她们两个日渐疏远，她本以为白小花新婚，要跟丈夫过两人世界才忽略她。后来，从姐妹口中得知：白小花怨她破坏了自己一生一次的婚礼，根本不想再理她了。

为什么会这样？自己做错什么了？帮她打理婚礼上的小细节，帮她招呼亲朋好友，使出浑身解数带动气氛，她哪里搞破坏了？此后，胡小湖也怨恨上了白小花，两人陷入老死不相往来的僵局。

后来，我跟胡小湖聊天，聊到白小花，胡小湖就把这段事情讲给我听。我笑着骂胡小湖："人家一辈子最重要的一场婚礼，再苦再累再手忙脚乱，她也幸福无比，你那哪叫帮忙？你那叫抢风头！"

胡小湖还想反驳我，嘴巴刚一张开，什么话都没说出来，又闭上嘴。想了半天，她讷讷地说："那我还真错了？"

"谈不上错，就是傻了点，不识时务，不合时宜！"

胡小湖噘噘嘴："那怎么办？我要不要去找白小花认错？"

我拍拍她的脑袋，"那么多年姐妹情谊，她不会真的恨你一辈子啦！你干嘛要跑去旧事重提惹她不快？就当你没想明白怎么招惹她了，主动跑去向她献殷勤。白小花心软，再过一阵子，保证雨过天晴。"

不管是朋友聚会还是同学聚会，都要搞清楚主角是谁，想做 No.1 也要看清场合，看对时机。就算是帮忙张罗也要把握好度，不然平白招来烦恼。

要有一双会装傻的耳朵

如果一个女人只爱听好话，但凡话不投机就生气使性子，一定是个心胸狭窄的人。但若一个女人，只选择好听的话听，对不好听的充耳不闻，丝毫不放心上，必然心胸开阔，乐观爽朗。

周末，我约新认识的朋友伊莲出来逛街。在一家服装店，伊莲拿起一件小碎花连衣裙问我好不好看。这时店员小姐也忙走过来，笑盈盈地说："小姐眼光真好！这裙子很衬您的气质。我们卖得很好呢，昨天就断货了，这是今天刚新来的，数量不多哦。"

我一听就知道坏了，这条裙子伊莲大概不会买的，谁希望一出门就撞衫呢。伊莲把裙子挂回去，浅笑着跟店员小姐说："哦，是吗？那就留给上次没抢到的人吧。"说完，拉着我转向另一个衣架。

伊莲试了一件衣服出来照镜子，问："怎么样？"那位小姐十分热情："小姐你皮肤好白，这个颜色很适合你呢，虽然有点……不过我们有加大尺码的。"

我心里想：老板从哪里请来的店员，真是不会说话！伊莲一副无所谓的样子问我："你看怎么样？"我看了那个店员小姐一眼，笑着说："虽然你有一点点胖，但是你皮肤好白哦，这个颜色也就你穿好看啦。"店员小姐听了我的话，一脸通红地退到一边，不再言语。伊莲得意地抛给我一个飞吻，然后示意店员帮她把衣服包起来。

同样一句话，有些人说出来就很好听，让人如沐春风，欢欣喜悦；有些人说出来就十分逆耳，恨不得把他嘴巴封掉。不是我们天生心胸狭隘，实在是我们的耳朵不听话。耳朵也有选择权，一不顺意了，它就要跟你的心联合起来抗议，给你带来困扰。

既然如此，不如训练一下耳朵的选择能力，好话坏话都要听。但是听到好听的，入耳也入心，让自己开心一下；听到不好听的，就立即切断耳朵与心的联系，入耳不入心，像伊莲一样就当没听见，继续前行。

这一生，不会人人都捧着我们、顺着我们，也不是人人都懂得说话的艺术的。你不能跟所有人提要求，也没办法教会所有人说话技巧。你只能对自己提要求，给自己想办法，只听好听的，不因为难听话坏了心情，也不因为听到难听话就出口伤人。

女人这一生，不仅要会讲"傻话"，有一双"傻得无辜的眼睛"，还要有一对"会装傻的耳朵"。

一个完美的背影，堪比一千句好听的话

也许你不漂亮，身材也一般；也许你不会说话，在社交场合总不敢发言；也许你资历不够，无法引起别人的注意……一切都没有关系，你只要用心打造一个完美的背影就足够令人印象深刻。

有两个女人的背影，让我总是念念不忘。

第一个背影的主人是我刚工作时遇到的一个推销员。她走路的时候，两肩不在一条直线上，一高一低，背包的那个肩膀略高一些。即便这样，她还要不时调整下滑的背包带。她迈步的节奏很混乱，仿佛脚下是崎岖的山路，每一步都会让她迟疑。这就像是她对我说话的样子：逻辑混乱，没有条理，找不到中心点。而且自始至终，她都不敢看我的眼睛。

第二个背影的主人是个年轻的女作家。说实话，我总是希望避免跟女作家见面。因为从她们的文字里看到的是气质不凡的绝代佳人，但本人却常常让人大失所望。这位女作家也是，她的文字令我惊艳，可是本人长相平凡，气质一般。跟她聊了二十分钟，我却没有听出有她作品里那样非凡的谈吐。但是，当她转身离开时，我眼睛亮了：她身姿挺拔，双腿迈开的步子不紧不慢，浑身透着优雅，还有万物难挡的自信。

我们在社交场里总会遇到一个问题：离开。无论这场聚会多热闹，这个会谈多难忘，这个见面多有意义，这次谈话多开心，总有结束的那一刻，总有离开的那一分钟。

傻女人只会花心思在开始和过程里，从来不懂得怎样离开；稍微聪明一点的女人，懂得把握离开的时间；而真正有智慧的

自信最美，不必存心讨好别人，也不必刻意扭曲自己。
这不是心高气傲，而是小心地保留自我。

女人，则完全懂得应该怎样离开。一个美丽、优雅、充满自信的背影，让女人在离开的那一刻，变成一幅绝世名画，我相信她的爱人、朋友甚至只是一面之缘的陌生人，都会对她离开的背影久久不忘。

从此刻开始，训练自己的站姿、坐姿和说话走路的姿态吧。就算不够聪明、不会说话，单凭你一个背影和优美的姿态，也会让你在社交场上拥有一席之地。

有“秘密”，最好烂在肚子里

不要把秘密告诉女人！女人这种生物从来管不住嘴，你把秘密让一个女人知道了，就代表所有人都知道了。所以，聪明的女人不会说“悄悄话”。

秋秋从小到大，什么秘密都不会瞒着阿雪。阿雪知道秋秋月经初潮的日期，第一次暗恋的男生是谁，秋秋考试作弊的手法，秋秋恋爱的细节，甚至秋秋跟男友做爱的全部过程和感受……

秋秋觉得，阿雪就是这个世上的另外一个她。她们心意相通，个性相似，兴趣、爱好、讲话习惯都通通贴合。阿雪把秋秋视为知心好友，除了亲情和爱情，阿雪就是她最珍贵的存在。于是，秋秋对阿雪简直知无不言、言无不尽。

突然有一天，秋秋和阿雪说老板坏话的聊天纪录被人发给老板看，顺便抄送给全公司的同事。秋秋的用户名被清晰地显示出来，而阿雪的却被抹掉了，甚至阿雪对老板的意见，也被删除了。在这整篇聊天纪录里，就属秋秋骂得最凶狠。

老板震怒，要秋秋离职。秋秋跑到阿雪那里哭了好久，声声凄厉："怎么会这样？"

阿雪拍着秋秋的背一言不发。

阿雪当初是秋秋介绍进公司的，老板觉得阿雪没有跟秋秋"同流合污"，忠心可鉴，于是秋秋走后，阿雪坐上了秋秋的位置，拿到了秋秋的待遇。那时秋秋已经有了新工作，对此也没太记到心里去。

对于不想交往的人，不要应邀去吃饭喝咖啡，哪怕只是一块钱。没有后续发展和希望的交往，会浪费人家的钱和感情，这叫贪图享乐。贪慕虚荣的女子会让人瞧不起。如果实在碍于朋友介绍的情面挪不开，记得AA制。

没多久，秋秋从另一个朋友口中得知：那时发聊天纪录给老板的人，就是阿雪！怎么可能？她是我最好的朋友！秋秋不相信，还傻乎乎地跑去跟阿雪求证。她想：如果阿雪否认，她会选择相信阿雪。

谁知阿雪说："唉，你看你，还是那么傻，傻得我都不好意思再骗你。既然你总抱怨老板不好，职位太低，薪水太少，那不如把你的位子给我坐好了，我不嫌弃的。"

听了我这个故事，你还相信友情吗？

我是相信的。但是我不会把所有的秘密和想法都说给朋友听，也包括知心好友。女人太情绪化了，我自己都不能保证这一刻吐露的就是我真正的心声。我嫌薪水少、职位低、老板脾气差，但我没有跳槽离去，那说明我对这份工作还是满意的。我炫耀男朋友对我如何好，买如何美丽的花、昂贵的礼物给我，也未必代表我就不厌烦他陪我时间少、花钱如流水。

最好的朋友相信你不会骗她，你说了她就信了，有时也难免会起别的心思。别说是最好的朋友，父母兄弟之间也有反目的时候，何况是朋友。

你不用把每时每刻的想法暴露给她，你不用把所有的小秘密都告诉她。如果你真的有秘密，那么打死也不能说，要让所有的秘密烂都在自己的肚子里。

所谓悄悄话，原本是不能给第三个人知道的，可是往往会被第四第五第六第七……第一千个人知道。因此，世上没有真正的悄悄话。

若有朋友责怪你什么都不讲，你便跟她们装傻："我没有秘密啊。没有你们那么多精彩的经历，所以没得讲嘛！"

幸福的小傻招

- 发现贵人时，不要想太多，赶紧去认识，去交往。
- 与人交往时，误会、矛盾一旦产生，必须用最快的速度解决，因为谁都不知道，在我们搁置不理或者进行冷战的过程当中，事情会发生什么变化。
- 女人一定要知识渊博，富有内涵。但是在人前，你最好不要表现得什么都知道，说一半藏一半，才能成为最受欢迎的社交女王。
- 装傻演戏固然能够带来好人缘，但若天生没有这种本事，以诚待人就尤为重要了，没有人可以拒绝别人的真心。
- 有些事情，对错界限很模糊，各人观点不同，争辩起来是种乐趣。但有一些事，有人非要把错的说成对的，不懂装懂地瞎辩，你就不要耽误时间或费精神陪她傻了，让她一个人玩吧。

Be a Silly Girl,
So Wonderful

Happiness

想超越现在的自己，
那就点燃你的热情吧。
越是深爱自己，
热情就越浓烈。

Happiness

工作的时候认真工作，休息的时候尽情休息。
扔掉工作的想法，
让身心彻底放松。

Happiness

梦想有多远，世界就有多大。
不敢做梦的人，将会一事无成。
那么，你的梦想是什么呢？

Happiness

尺有所短，寸有所长。
只有取长补短，
才能超越他人，不断进步。

Happiness

世界是一本写满各种挑战记录的书，
平时憧憬的事情，请一定要大胆地尝试！
“挑战无极限！”

Happiness

心病的根源在于你作出的选择，
请仔细想想为什么会痛苦会不幸？
答案就在你的心里。

Happiness

对你身边的人，

请先向他们报以微笑吧。

也许你们会成为一生的挚友！

Happiness

面对新的开始不知所措时，
请看看明早喷薄而出的朝阳吧！
当你在心底呐喊“我一定会成功”时，
你就已经是一位成功者了。

Happiness

所谓变化就是以新代旧，
以陌生取代熟悉。
让我们用心去感受随之而来的变化吧。

中资海派出品

为精英阅读而努力

一本专宠女人的书

给疲累困惑的妻子们送来一束亮光

［美］艾里斯·克拉斯诺　著

于素芳　译

中资海派出品

定　价：32.00元

当孩子大了，激情褪了，姿色淡了，你的婚姻还能在活力与温暖中与他长相厮守吗？

本书作者艾里斯·克拉斯诺，经历过养育四个孩子的艰辛和看着孩子长大离开的伤感，她也在思考：面对空荡起来的家和共同生活了23年之久的丈夫，如何做到不离不弃？

她采访的那些拥有持久婚姻的妻子们，有着怎样的感悟与我们分享呢？

- 婚姻需要激情，但更需精神层次上的坚忍
- 女人需要他，但更需保持强烈的自我意识
- 也许分手能获得片刻解脱，但更需一些技巧让婚姻活起来
- 嫁对人是福气，但更需知道何时妥协，做一个智慧的妻子

改变了的，是婚姻里的心情

改变不了的，是婚姻里的爱情

中资海派出品

为精英阅读而努力

让你和伴侣之间消除芥蒂，

变成世界上最快乐的爱人！

- 为什么男人爱用下半身思考，女人总想听“我爱你”？
- 为什么男人总爱看美女，女人总爱翻旧账？
- 为什么男人喜欢年轻女孩，女人喜欢大款？
- 为什么男人更爱直奔主题，女人更爱温馨浪漫？

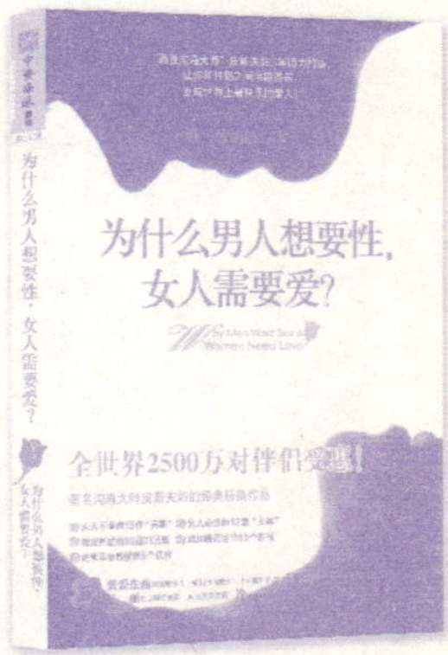

[澳] 芭芭拉·皮斯
艾伦·皮斯 著
罗 拉 译

中资海派出品
定 价：32.00元

两性沟通专家皮斯夫妇发现：男女之间的种种需求差异源于人类的生理机制，也是进化过程中的必然结果！我们需要做的就是正视这些差异，并尽量满足对方的需要。只有这样，才能和谐美满长久地生活在一起。

现在就翻开这本书，让皮斯夫妇教你如何成为完美爱人，让你和你的伴侣每天都能带着微笑入睡，心中想着：我一定是这个世界上最幸福的人！

性爱是人类最美好的本能，

是两性间完美的水乳交融和长相厮守的动力。

中资海派出品

为精英阅读而努力

让“爱自己”的温热融化情感的冰山，

陪你获得爱情路上的温暖与勇气

［德］爱娃－玛丽亚·楚尔霍斯特　著

许　洁　译

中资海派出品

定　价：28.00元

婚姻危机、秘密情人、三角关系、亲子矛盾、出轨、性、激情、欲望、堕胎……

在这个快速消费的时代，我们已经习惯了消费，也习惯了丢弃，甚至我们的伴侣关系也被深深地打上快速消费的烙印：只要觉得不再适合自己了，就立即换一个新的——“我肯定还能找到更好的伴侣！”而欧洲最受信赖和欢迎的情感医师爱娃－玛丽亚·楚尔霍斯特，却通过在咨询中所接触到的上千个婚恋案例总结出：只要爱自己，和谁结婚都一样。你现在的伴侣就是最好的，绝大多数离异和分手都是可以避免的。

爱自己，你便可以从伴侣身上发现自己内心的弱点并让彼此都获得克服弱点的能力；

爱自己，你就能将婚姻变为医治精神伤痛的场所，让自己治愈自己并实现与伴侣间平和健康的沟通；

爱自己，你就能为孩子创造一个良好的成长环境，并通过自身树立的榜样告诉他们什么才是真正美好和睦的家庭。

中资海派出品

为精英阅读而努力

爱自己，伴侣关系就是一段充满奇遇的冒险之旅

让自己温暖自己的情爱婚恋手册

在当今爱情快餐时代，濒临破碎的伴侣关系无处不在。我们总在寻寻觅觅中期待一个完美的爱人，却忘了要去爱自己。德国首席夫妻情爱专家楚尔霍斯特夫妇再续“爱自己，和谁结婚都一样”的传奇，带你回归最本质的需求，找回内心最真实的感觉和渴望。请相信：只要你能将寻爱的触角从伴侣转向你自己的世界，诚实地接受自己，爱自己，随之而来的就一定会是更加美好的幸福伴侣生活。

[德] 爱娃－玛丽亚·楚尔霍斯特
沃尔夫拉姆·楚尔霍斯特 著
许 洁 译

中资海派出品
定 价：29.80元

爱自己，你就能收获爱的勇气，为自己的幸福负责，不再纠结，也不再难为自己，在爱的土壤中经历成长和蜕变。

爱自己，你就能满足自己的一切需要，从而真正去爱你的伴侣，让你的爱情绽放出绚烂的幸福花朵，结出饱满的甜蜜果实。

爱自己，你就能深入你的内在世界，获得内心的平静，用爱消融恐惧与隔阂，让你的婚姻迎来新的曙光。

中资海派出品

为精英阅读而努力

想成为高贵公主的女人们，
背起行囊，跟我出发吧！

〔韩〕阿内斯·安　著
〔韩〕崔淑喜　宋秀贞　绘
郑　杰　李　宁　译

中资海派出品
定　价：29.80元

为生活所累的你，是否曾期盼遵循内心的呼唤，自由快乐地度过一生？是否也曾渴望摆脱乏味的生活，过得与众不同？从现在开始，请与我一起尊重这份期盼和渴望——跟着心灵去旅行，一辈子当公主！

本书为希望像贵族公主般生活的女人而写，作者从“旅行中找到的简单生活”、“扣人心扉的公主智慧语”、“公主的使命日记”等方面，传达了走向精彩人生的心灵物语。

公主不只出现在童话里，也不再是女孩的专利
即便你年华不再，青春已逝，仍旧可以一辈子当公主！

想成为高贵公主的女人们，
向着充满梦想和自由的缤纷世界出发吧！

〔韩〕阿内斯·安　著
〔韩〕崔淑喜　绘
千太阳　译

中资海派出品
定　价：35.00元

背负生活行囊的你，是否想要甩开日常的羁绊，变身为自由自在的公主？内心的钟声是否早已响起，催促你走进它的世界，去过幸福而有意义的人生？现在就拿起你的秘密武器，踏上神奇蜕变的魔法之旅吧！

作者在采访世界各国名女人的记者生涯中，发现她们的成功大多源自美、日等国流行的魔法智慧卡。充满传奇经历的魔法书和智慧卡，将为你的人生带来意想不到的转变！

抛掉高跟鞋，然后飞得更高更远
即使平凡，也仍然可以内心强大，一辈子当公主！

中资海派出品
为精英阅读而努力

献给明知要改变
却总想逃避的女人

现实生活中，很多人都因为不堪重负，进入了人生的彷徨挣扎期。

如果你现在倒下了，想再站起来就没那么容易了。所以当你感到疲惫不堪想要放弃的时候，请读完这本书咬牙坚持下去。姐姐先于你经历过那些失落的眼泪、刺骨的伤痛与深刻的后悔，她知道你肩上的担子有多重，她希望帮你减轻一些痛苦。让姐姐来告诉你如何在这个弱肉强食的丛林中生存下去！

想要放弃的时候就握紧姐姐的手！

周而复始的忙碌生活，千篇一律的沉闷日子，
昔日的激情是否早已消磨殆尽？

〔韩〕金美敬　著
阿　翻　译

中资海派出品
定　价：29.80元

献给想作决定
却总在纠结的女人

很多30 多岁的职场女性，自身条件不错，事业小成又有些存款，但情感生活并不如意。

难嫁人，嫁人难，嫁什么男？没有爱情，没有幸福，于是一味叹气抱怨。其实，这只是因为你不知道如何挑选男人、如何经营婚姻、如何打造资产。

面对人生的种种选择，当你摇摆不定纠结不安，请不要放弃，先读完这本书咬牙坚持下去。姐姐把职场成功、婚姻幸福的秘诀都告诉你！听姐姐的，有爱有房有资产的日子就离你不远了！

感情委屈不得，婚姻凑合不起，人生将就不了。
谁说优秀轻熟女只能“被选择”？

〔韩〕金美敬　著
李一歆　译

中资海派出品
定　价：26.80元

短信查询正版图书及中奖办法

A．电话查询

1．揭开防伪标签获取密码，用手机或座机拨打 4006708315；

2．听到语音提示后，输入标识物上的 18 位密码；

3．语言提示：您所购买的产品是深圳市中资海派文化传播有限公司出品的正版图书。

B．手机短信查询方法（移动收费 0.2 元 / 次，联通收费 0.3 元 / 次）

1．揭开防伪标签，露出标签下 18 位密码，输入标识物上的 18 位密码，确认发送；

2．发送至 13825050315，得到版权信息。

C．互联网查询方法

1．揭开防伪标签，露出标签下 18 位密码；

2．登录 www.801315.com；

3．进入“查询服务”“防伪标查询”；

4．输入 18 位密码，得到版权信息。

中奖者请将 18 位密码以及中奖人姓名、身份证号码、电话、收件人地址和邮编 E-mail 至 szmiss@126.com，或传真至 0755-25970309。

一等奖：168.00 元人民币（现金）；
二等奖：图书一册；
三等奖：本公司图书 6 折优惠邮购资格。
再次谢谢您惠顾本公司产品。本活动解释权归本公司所有。

读者服务信箱

感谢的话

谢谢您购买本书！顺便提醒您如何使用 ihappy 书系：

- ◆ 全书先看一遍，对全书的内容留下概念 。
- ◆ 再看第二遍，用寻宝的方式，选择您关心的章节仔细地阅读，将“法宝”谨记于心。
- ◆ 将书中的方法与您现有的工作、生活作比较，再融合您的经验，理出您最适用的方法。
- ◆ 新方法的导入使用要有决心，事前做好计划及准备。
- ◆ 经常查阅本书，并与您的生活、工作相结合，自然有机会成为一个“成功者”。

<table>
<tr><td rowspan="8">优惠订购</td><td colspan="2">订阅人</td><td></td><td>部门</td><td></td><td>单位名称</td><td colspan="2"></td></tr>
<tr><td colspan="2">地　址</td><td colspan="6"></td></tr>
<tr><td colspan="2">电　话</td><td colspan="3"></td><td>传　真</td><td colspan="2"></td></tr>
<tr><td colspan="2">电子邮箱</td><td></td><td>公司网址</td><td colspan="2"></td><td>邮　编</td><td></td></tr>
<tr><td>订购书目</td><td colspan="7"></td></tr>
<tr><td rowspan="2">付款方式</td><td>邮局汇款</td><td colspan="6">中资海派商务管理（深圳）有限公司
中国深圳银湖路中国脑库 A 栋四楼　　邮编：518029</td></tr>
<tr><td>银行电汇或转账</td><td colspan="6">户　名：中资海派商务管理（深圳）有限公司
开户行：招行深圳科苑支行
账　号：81 5781 4257 1000 1
交行太平洋卡户名：桂林　　卡号：6014 2836 3110 4770 8</td></tr>
<tr><td>附注</td><td colspan="7">1. 请将订阅单连同汇款单影印件传真或邮寄，以凭办理。
2. 订阅单请用正楷填写清楚，以便以最快方式送达。
3. 咨询热线：0755−25970306转158、168　　传　真：0755−25970309
E-mail: szmiss@126.com</td></tr>
</table>

→利用本订购单订购一律享受 9 折特价优惠。
→团购 30 本以上 8. 5折优惠。